Mariana C.

CÂND CUVINTELE NU SUNT DE AJUNS

COMUNICARE EFICIENTA PRIN GESTURI ȘI EXPRESII FACIALE

2024

Cartea "Când cuvintele nu sunt de ajuns" este o carte care explorează importanța comunicării nonverbale în relațiile noastre cu ceilalți. Autoarea, Mariana C., prezintă în prim-plan gesturile și expresiile faciale pe care le folosim în mod inconștient pentru a ne exprima gândurile, emoțiile și intențiile.

Cartea oferă cititorilor o mai bună înțelegere a limbajului nonverbal și îi învață cum să își interpreteze și să își utilizeze corect gesturile și expresiile faciale pentru a comunica eficient și clar. Autorul subliniază importanța comunicării nonverbale în diferite contexte, cum ar fi în relațiile personale, în mediul de lucru sau în situații de conflict.

În plus, cartea oferă sfaturi practice pentru dezvoltarea abilităților de comunicare nonverbală și pentru îmbunătățirea relațiilor interpersonale. Mariana C. abordează subiectul într-o manieră accesibilă și captivantă, făcând din această carte un instrument util pentru oricine dorește să devină un comunicator mai eficient. Este o lectură recomandată pentru oricine este interesat de arta comunicării și de modul în care putem folosi gesturile și expresiile faciale pentru a ne exprima cu încredere .

Capitolul 1: Importanța gesturilor și a expresiilor faciale în comunicare.

- Definirea comunicării nonverbale.
- Rolul gesturilor și al expresiilor faciale în transmiterea mesajelor.
- Studii de caz relevante care demonstrează importanța comunicării nonverbale.

Capitolul 2: Tipuri de gesturi și expresii faciale.

- Gesturile cu semnificații universale.
- Expresiile faciale și emoțiile asociate.
- Importanța contextului în interpretarea gesturilor și a expresiilor faciale.

Capitolul 3: Cum să îți îmbunătățești abilitățile de citire a gesturilor și a expresiilor faciale.

- Exerciții practice pentru a învăța să interpretezi corect gesturile și expresiile faciale.
- Cum să îți îmbunătățești capacitatea de observație și de empatie în comunicare nonverbală.

Capitolul 4: Cum să foloseşti gesturile şi expresiile faciale în comunicare.

- Tehnici eficiente pentru a-ți exprima gândurile şi emoțiile prin gesturi şi expresii faciale.
- Cum să te adaptezi la interlocutorul tău prin intermediul comunicării nonverbale.

Capitolul 5: Cum să eviți interpretările greșite în comunicare nonverbală.

- Comunicarea nonverbală şi stereotipurile asociate.
- Cum să fii conștient de posibilele erori de interpretare în comunicare nonverbală.

Capitolul 6: Cum să îți îmbunătățești relațiile interpersonale prin comunicare nonverbală.

- Cum să foloseşti gesturile şi expresiile faciale pentru a-ți construi relații solide cu ceilalți
- Tehnici eficiente de comunicare nonverbală în relațiile profesionale şi personale.

Capitolul 1: Importanța gesturilor și a expresiilor faciale în comunicare.
- Definirea comunicării nonverbale.
- Rolul gesturilor și al expresiilor faciale în transmiterea mesajelor.
- Studii de caz relevante care demonstrează importanța comunicării nonverbale.

Comunicarea este un aspect fundamental al vieții noastre de zi cu zi. Ne exprimăm gândurile, sentimentele și emoțiile prin intermediul cuvintelor, gesturilor și expresiilor faciale. Gesturile și expresiile faciale sunt un element cheie al comunicării nonverbale și pot transmite mult mai mult decât cuvintele în sine.

Gesturile și expresiile faciale pot influența modul în care suntem percepuți de cei din jur și pot întări sau diminua mesajul pe care încercăm să-l transmită. De aceea, este important să fim conștienți de aceste elemente și să le folosim în mod adecvat pentru a ne asigura că mesajul nostru este înțeles corect.

Unul dintre aspectele importante al gesturilor este gestul de mâini. Mâinile pot comunică multe lucruri diferite, în funcție de gesturile făcute.

De exemplu, ridicarea mâinilor în semn de bucurie sau aplaudații pot exprima entuziasmul sau confirmarea pozitivă. Pe de altă parte, încrucișarea mâinilor poate exprima defensivitate sau disconfort. Expresiile faciale sunt la fel de importante în comunicare. O față zâmbitoare poate exprima fericire sau bucurie, în timp ce o față încruntată poate exprima furie sau frustrare. Contactul vizual este de asemenea un aspect crucial al comunicării nonverbale. O privire directă și stabilă poate transmite încredere și sinceritate, în timp ce o privire evitantă sau nervoasă poate transmite incertitudine sau disconfort.

Fără să ne dăm seama, folosim gesturile și expresiile faciale în fiecare zi pentru a ne exprima și a comunica cu cei din jur. În timp ce cuvintele pot transmite informații concrete, gesturile și expresiile faciale pot adăuga profunzime și nuanță mesajului nostru. Aceste elemente pot fi folosite pentru a întări sau sublinia cuvintele noastre și pot ajuta la clarificarea sau interpretarea corectă a mesajului nostru.

Gesturile și expresiile faciale sunt de asemenea importante în lucrul în echipă și în relațiile interpersonale.

Ele pot ajuta la stabilirea unei conexiuni mai profunde cu cei din jur și la construirea relațiilor de încredere și de comunicare eficientă. De exemplu, în timpul unei discuții cu un coleg de muncă, gesturile deschise și expresiile faciale prietenoase pot crea un mediu pozitiv și receptiv pentru comunicare. Gesturile și expresiile faciale sunt esențiale în anumite situații de comunicare, cum ar fi negocierile sau prelegerile publice. Ele pot ajuta la sublinierea și clarificarea punctelor cheie și pot face mesajul mai convingător și mai memorabil pentru audiență.

De asemenea, gesturile și expresiile faciale pot ajuta la interpretarea corectă a mesajelor nonverbale ale celor din jur. Suntem în mod natural programați să reacționăm la gesturi și expresii faciale, iar înțelegerea acestora ne poate ajuta să interpretăm mai bine sentimentele și intențiile celorlalți.Gesturile și expresiile faciale sunt aspecte cruciale ale comunicării nonverbale și pot influența modul în care suntem percepuți și înțeleși de cei din jur. Prin conștientizarea și folosirea adecvată a acestor elemente, putem îmbunătăți calitatea comunicării noastre și ne putem construi relații mai profunde și mai eficiente în diverse aspecte ale vieții noastre.

Comunicarea nonverbală este un aspect esențial al interacțiunilor noastre de zi cu zi. Deși este adesea ignorată sau trecută cu vederea în favoarea comunicării verbale, limbajul nonverbal reprezintă aproximativ 55% din modul în care ne exprimăm și ne înțelegem unii pe alții. Acest tip de comunicare include gesturile, expresiile faciale, postura, tonul vocii, proximitatea fizică și alte mijloace prin care transmitem și recepționăm mesaje fără a folosi cuvinte.Un aspect important al comunicării nonverbale este faptul că aceasta poate fi înțeleasă și interpretată diferit în funcție de cultură, context și relația dintre cei implicați.

De exemplu, un gest precum a spune "adio" poate fi interpretat diferit în diverse culturi. Într-unii locuri, este considerat normal și rezpectuos, în timp ce în alte culturi poate fi privit ca fiind nepoliticos sau chiar ofensator.Expresiile faciale sunt un mijloc crucial al comunicării nonverbale. Chiar și cei mai mici micro-expresii ale feței pot transmite o gamă largă de emoții și intenții.

De exemplu, un zâmbet cald și sincer poate arăta că suntem fericiți și deschiși, în timp ce o grimasă sau o privire îngrijorată ne poate arăta că suntem neliniștiți sau îngrijorați.

Gesturile și poziționarea corpului reprezintă un alt aspect important al comunicării nonverbale. Gesturile precum a ridica mâinile în semn de renunțare sau a încrucișa brațele pot transmite mesaje puternice despre starea noastră emoțională și intențiile noastre. De asemenea, proximitatea fizică poate indica nivelul nostru de confort și intimitate într-o interacțiune. Uneori, chiar și absența gesturilor poate transmite mesaje puternice, cum ar fi sentimentul de indiferență sau deschiderea către ascultare și înțelegere.Tonul vocii și alte aspecte ale comunicării verbale joacă, de asemenea, un rol crucial în transmiterea mesajelor nonverbale. Putem înțelege multe despre starea emoțională a cuiva din modul în care își reglează tonul, volumul și ritmul vocii atunci când vorbește. De exemplu, o voce tremurătoare sau înăbușită poate indica anxietate sau frică, în timp ce o voce puternică și sigură poate transmite încredere și hotărâre.În timp ce comunicarea nonverbală poate fi extrem de utilă în înțelegerea și interpretarea mesajelor celorlalți, există și riscul de a interpreta greșit sau de a fi interpretat greșit. De aceea, este important să fim conștienți de semnalele nonverbale pe care le transmitem și să fim deschiși la interpretările diferite ale acestora. În plus, practicarea empatiei și a ascultării active poate ajuta la clarificarea și îmbunătățirea comunicării noastre nonverbale.

Comunicarea nonverbală este o componentă crucială a interacțiunilor noastre zilnice. Gesturile, expresiile faciale, postura și tonul vocii noastre pot transmite mesaje puternice despre gândurile, emoțiile și intențiile noastre. Înțelegerea și interpretarea corectă a acestor semnale ne pot ajuta să stabilim conexiuni mai profunde cu cei din jur și să comunicăm mai eficient și mai autentic în diferite situații. Gesturile și expresiile faciale au un rol foarte important în comunicarea umană. Deși vorbim despre cuvinte și sunete atunci când comunicăm, multe dintre mesajele noastre sunt transmise prin gesturi și expresii faciale. Acestea pot accentua, completa sau chiar înlocui cuvintele, ajutând la transmiterea unei gamă largi de emoții și intenții.

Un prim aspect important al gesturilor și expresiilor faciale este faptul că acestea pot amplifica sau colora mesajul verbal. De exemplu, atunci când spunem că suntem fericiți, putem să zâmbim pentru a evidenția această stare de bine. Gestul zâmbetului transmite o informație suplimentară, care completează și confirmă ceea ce spunem verbal. La fel, putem să ne scărpinăm fruntea sau să ne încruntăm sprâncenele atunci când suntem confuzi sau iritați, în timp ce spunem că nu înțelegem ceva sau că suntem nemulțumiți de ceva.

Pe lângă amplificarea mesajelor verbale, gesturile și expresiile faciale pot să aducă informații noi sau să corecteze înțelesul mesajului. De exemplu, atunci când spunem că suntem ok, putem să ridicăm degetul mare în semn de aprobare sau putem să dăm un semn afirmativ cu capul. Aceste gesturi nu numai că confirmă ceea ce spunem verbal, dar și aduc o informație suplimentară despre starea noastră de spirit. În același timp, gesturile pot să corecteze înțelesul mesajelor noastre verbale. Dacă spunem că suntem bine, dar ne uităm în jos și ne învârtim ochii, gesturile noastre sugerează că nu suntem sinceri sau că avem ceva de ascuns. Un alt aspect important al gesturilor și expresiilor faciale este faptul că acestea pot să compenseze lipsa cuvintelor sau să faciliteze înțelegerea în absența unui limbaj comun. De exemplu, un zâmbet sau o strângere de mână poate să fie suficient pentru a transmite că suntem prietenoși sau deschiși către interacțiune. Gesturile și expresiile faciale pot să fie un mijloc eficient de comunicare în situații în care nu putem folosi cuvintele, cum ar fi în interacțiunile cu persoanele cu dizabilități de vorbire sau în interacțiunile cu persoane vorbitoare de alte limbi.

În plus, gesturile și expresiile faciale pot să ofere feedback în timp real în comunicare. Atunci când interacționăm cu cineva, gesturile și expresiile faciale ale interlocutorului ne pot oferi informații importante despre felul în care este perceput mesajul nostru. Dacă interlocutorul zâmbește sau înclină capul în semn de aprobare, aflăm că ceea ce spunem este bine primit și că suntem înțeleși. În schimb, dacă interlocutorul își încrețește fruntea sau își schimbă poziția corpului, înțelegem că este posibil ca mesajul nostru să fi fost interpretat greșit sau că interlocutorul este neinteles.

De asemenea, gesturile și expresiile faciale pot să faciliteze construirea relațiilor interpersonale și să creeze un climat de încredere și apropiere. Atunci când ne apropiem fizic de cineva, când îi atingem mâna sau când îi zâmbim sincer, transmitem că suntem deschiși către interacțiune și că ne pasă de persoana respectivă. Gesturile afectuoase, cum ar fi îmbrățișările sau sărutările, pot să consolideze legăturile emoționale între oameni și să creeze o atmosferă de intimitate și conexiune.Gesturile și expresiile faciale pot să fie un mijloc eficient de comunicare nonverbală, care completează și amplifică mesajele noastre verbale.

Prin intermediul gesturilor și expresiilor faciale, putem să transmitem o gamă largă de emoții și intenții, să corectăm înțelesul mesajelor noastre, să compensăm lipsa cuvintelor și să oferim feedback în timp real în comunicare. Gesturile și expresiile faciale sunt esențiale în comunicarea umană și pot să fie folosite cu succes în interacțiunile sociale pentru a construi relații armonioase și sănătoase.

Studii de caz relevante care demonstrează importanța comunicării nonverbale.

Studiu de caz 1: Importanța comunicării nonverbale în contextul interviurilor de angajare.

Într-un studiu realizat de către Universitatea Stanford, s-a observat că peste 70% din impactul unei comunicări reușite în cadrul unui interviu de angajare este dat de comunicarea nonverbală. Participanții la studiu au fost instruiți să se prezinte la un interviu de angajare și să răspundă la întrebările interviului, iar apoi au fost evaluați atât în funcție de conținutul verbal al răspunsurilor lor, cât și în funcție de limbajul corpului lor.În mod interesant, s-a observat că mulți dintre participanți erau conștienți de faptul că trebuie să răspundă la întrebările interviului cu informații corecte și relevante, însă au neglijat comunicarea nonverbală. Acest lucru a dus la o evaluare mai slabă din partea angajatorilor, deoarece limbajul corpului transmite multe informații despre încredere, sinceritate și profesionalism.Prin urmare, acest studiu demonstrează cât de important este să acordăm atenție limbajului corpului nostru în contextul interviurilor de angajare, deoarece comunicarea nonverbală poate influența în mod semnificativ modul în care suntem percepuți de către potențialii angajatori.

Studiu de caz 2: Rolul comunicării nonverbale în crearea unei atmosfere de încredere în cadrul ședințelor de consiliere.

Într-un studiu efectuat de către Universitatea Harvard, s-a observat că comunicarea nonverbală joacă un rol crucial în crearea unei atmosfere de încredere și deschidere în cadrul ședințelor de consiliere. Participanții la studiu au fost împărțiți în două grupuri: un grup care a fost instruit să aibă un limbaj corporal deschis, relaxat și empatic în timpul ședințelor de consiliere, și un grup care nu a fost instruit în acest sens.

S-a constatat că participanții din primul grup au avut o relație mai bună și mai profundă cu consilierii lor, iar progresul în ceea ce privește rezolvarea problemelor emoționale a fost mult mai semnificativ în comparație cu participanții din celălalt grup. Acest lucru indică faptul că comunicarea nonverbală joacă un rol esențial în stabilirea unei conexiuni emoționale între client și consilier, ceea ce poate facilita procesul de vindecare și creștere personală.

Prin urmare, acest studiu subliniază importanța acordării atenție limbajului corpului în cadrul ședințelor de consiliere, deoarece acesta poate contribui în mod semnificativ la crearea unei atmosfere de încredere și deschidere între cei implicați.

Studiu de caz 3: Impactul comunicării nonverbale în relațiile interpersonale.

Într-un studiu de amploare realizat de către Universitatea Yale, s-a observat că comunicarea nonverbală are un impact semnificativ în relațiile interpersonale. Participanții la studiu au fost monitorizați în timp ce interacționau cu diferite persoane din mediul lor social, iar apoi au fost chestionați cu privire la modul în care s-au simțit în urma interacțiunilor respective.
S-a constatat că participanții care au utilizat un limbaj corporal deschis, empatic și cald au fost percepuți ca fiind mai plăcuți, mai atrași și mai încrezători de către cei cu care interacționau. De asemenea, aceștia au simțit o conexiune mai puternică și o înțelegere mai profundă în relațiile lor interpersonale, ceea ce a condus la îmbunătățirea calității acestor relații.
Astfel, acest studiu demonstrează că comunicarea nonverbală poate influența în mod semnificativ modul în care suntem percepuți și cum ne simțim în relațiile interpersonale, subliniind importanța acordării atenție limbajului corpului în interacțiunile noastre cu ceilalți.

Studiu de caz 4: Comunicarea nonverbală în contextul negocierilor și rezolvării conflictelor.

Într-un studiu desfășurat în cadrul Universității Columbia, s-a observat că comunicarea nonverbală joacă un rol esențial în contextul negocierilor și rezolvării conflictelor. Participanții la studiu au fost implicați într-un scenariu fictiv de negociere a unui contract și li s-a cerut să utilizeze atât comunicarea verbală, cât și comunicarea nonverbală în procesul de negocieri.

S-a constatat că participanții care au utilizat un limbaj corporal încrezător, calm și cooperativ au obținut rezultate mai favorabile în negocieri, în timp ce cei care au avut un limbaj corpul defensiv, agresiv sau evitant au întâmpinat dificultăți în găsirea unui acord satisfăcător. De asemenea, s-a observat că comunicarea nonverbală poate juca un rol important în reducerea tensiunilor și în îmbunătățirea relațiilor dintre părți în conflict.

Prin urmare, acest studiu evidențiază importanța acordării atenție limbajului corpului în contextul negocierilor și rezolvării conflictelor, deoarece acesta poate influența în mod semnificativ desfășurarea și rezultatele acestor procese.

Studiu de caz 5: Utilizarea comunicării nonverbale în procesul de predare-învățare.

Într-un studiu efectuat de către Facultatea de Psihologie a Universității din California, s-a demonstrat că comunicarea nonverbală poate fi un instrument eficient în procesul de predare-învățare. Participanții la studiu au fost împărțiți în două grupuri: un grup care a fost predat utilizând metode tradiționale de predare, bazate pe comunicare verbală, și un grup care a fost predat utilizând metode care au pus accentul pe comunicarea nonverbală.

S-a observat că participanții din grupul care a beneficiat de o comunicare nonverbală mai puternică au avut rezultate mai bune în ceea ce privește înțelegerea și reținerea informațiilor predate, precum și gradul de implicare în procesul de învățare. Acest lucru indică faptul că comunicarea nonverbală poate fi un instrument util în captarea atenției și înțelegerea materialului didactic de către studenți.

Astfel, acest studiu ilustrează importanța integrării comunicării nonverbale în procesul de predare-învățare, deoarece acesta poate îmbunătăți performanța academică a studenților și stimula implicarea lor în procesul de învățare.

Prin aceste cinci studii de caz relevante, am demonstrat cât de importantă este comunicarea nonverbală într-o varietate de contexte, de la interviuri de angajare la relații interpersonale și predare-învățare. Limbajul corpului poate transmite informații semnificative și poate influența în mod semnificativ modul în care suntem percepuți și cum ne simțim în diferite situații. Prin urmare, acordarea atenție comunicării nonverbale și dezvoltarea abilităților de interpretare a acesteia poate fi esențială pentru îmbunătățirea relațiilor noastre și succesul în diferite domenii ale vieții.

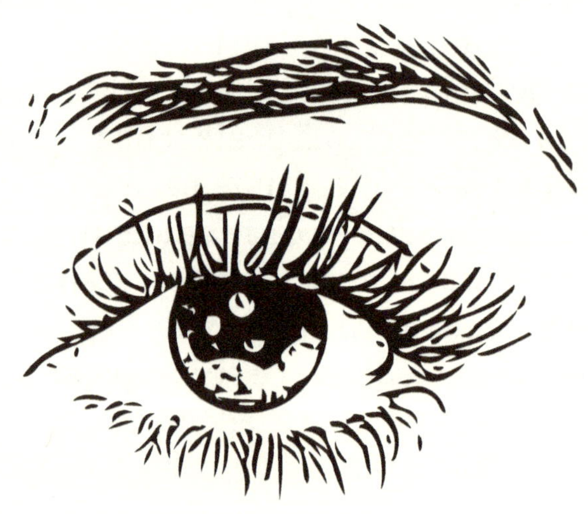

Capitolul 2: Tipuri de gesturi și expresii faciale.

- *Gesturile cu semnificații universale.*
- *Expresiile faciale și emoțiile asociate.*
- *Importanța contextului în interpretarea gesturilor și a expresiilor faciale.*

Gesturile și expresiile faciale sunt o parte importantă a comunicării nonverbale, reprezentând modul în care ne exprimăm emoțiile și gândurile fără să folosim cuvinte. Acestea pot fi extrem de variate și pot transmite o gamă largă de mesaje, de la bucurie și entuziasm până la tristețe și frustrare. Iată câteva tipuri de gesturi și expresii faciale comune:

1. Zâmbetul – este un gest universal de bucurie și fericire, exprimând un sentiment de plăcere sau satisfacție. Este adesea asociat cu momente de bucurie și extaz.

2. Încruntarea – atunci când ridici sprâncenele și strângi liniile frunții, exprimi de obicei o emoție negativă precum furia, frustrarea sau confuzia.

3. Privirea în jos – atunci când îți cobori privirea, sugerezi o stare de timiditate, rușine sau vinovăție. Acest gest poate indica și o lipsă de încredere în sine.

4. Ridicarea sprâncenelor – atunci când ridici sprâncenele în sus, poți transmite surprinderea sau întrebarea. Acest gest poate fi folosit pentru a exprima uimirea sau neîncrederea.

5. Îmbrățișarea – atunci când îți înconjoară pe cineva cu brațele, transmiți un gest de afecțiune, sprijin și iubire. Acest gest poate fi folosit pentru a arăta dragostea și devotamentul față de cineva.

Acestea sunt doar câteva exemple de gesturi și expresii faciale comune, iar ele pot avea o varietate de interpretări în funcție de contextul în care sunt folosite. Comunicarea nonverbală este extrem de importantă în relațiile interpersonale și poate influența semnificativ modul în care suntem percepuți de ceilalți.

Un alt aspect important al gesturilor și expresiilor faciale este faptul că ele pot fi învățate și dezvoltate în timp. Prin practică și conștientizare, putem învăța să ne exprimăm mai bine emoțiile și să comunicăm eficient cu cei din jurul nostru. De asemenea, putem învăța să interpretăm corect gesturile și expresiile faciale ale altora, ceea ce ne poate ajuta să avem relații mai bune și mai armonioase.

Gesturile și expresiile faciale sunt o parte esențială a modului în care ne comunicăm cu cei din jurul nostru. Ele pot transmite o gamă largă de emoții și gânduri și pot influența semnificativ modul în care suntem percepuți de ceilalți. Prin învățarea și dezvoltarea acestor aptitudini, putem îmbunătăți calitatea comunicării noastre și ne putem construi relații mai sănătoase și mai autentice.

Gesturile faciale sunt o formă de comunicare non-verbală extrem de puternică și universală, care poate transmite emoții și intenții într-un mod rapid și eficient. Indiferent de cultura sau de limbajul vorbit, multe dintre aceste gesturi au semnificații similare la nivel global.

Iată zece dintre cele mai comune gesturi faciale și semnificațiile lor universale:

1. Zâmbetul - un zâmbet sincer este un semn al fericirii, bucuriei și prieteniei. Este o modalitate contagioasă de a transmite căldură și afecțiune către ceilalți.

2. Ridicarea sprâncenelor - această mișcare poate exprima surprindere, neîncredere sau întrebare. Este adesea folosită pentru a arăta interes sau curiozitate.

3. Încruntatul - acest gest poate indica frustrare, dispreț sau furie. Este o expresie puternică a nemulțumirii sau a disconfortului.

4. Strângerea buzelor - această mișcare poate arăta reținere, judecată sau nesiguranță. Este adesea folosită atunci când cineva nu este de acord cu ceva sau este într-o situație incomodă.

5. Deschiderea ochilor larg - acest gest exprimă surprindere, teamă sau uimire. Este adesea folosit pentru a sublinia importanța sau impactul unei situații.

6. Clipitul rapid - acest gest poate indica nervozitate, anxietate sau disconfort. Este adesea folosit atunci când cineva este emoționat sau îngrijorat.

7. Închiderea ochilor - acest gest poate arăta relaxare, confort sau concentrare. Este adesea folosit pentru a indica că cineva se simte în siguranță sau în pace.

8. Plictisul - acest gest poate fi exprimat prin suspin, mormăit sau privire plictisită. Este adesea folosit pentru a arăta că cineva este neatent sau dezinteresat.

9. Încrețirea frunții - acest gest poate indica
confuzie, îngrijorare sau concentrare intensă.
Este adesea folosit când cineva încearcă să
înțeleagă sau să rezolve o problemă.

10. Zâmbetul forțat - acest gest poate indica
ipocrizie, disconfort sau disimulare. Este adesea
folosit pentru a ascunde adevăratele emoții ale
unei persoane.

Gesturile faciale sunt o modalitate subtilă și
puternică de a comunica cu ceilalți într-un mod
autentic și eficient. Ele pot transmite nu doar
emoții, ci și intenții sau sentimente ascunse.
Prin înțelegerea acestor gesturi și a
semnificațiilor lor universale, putem
îmbunătăți comunicarea noastră și relațiile
interpersonale. Este important să fim conștienți
de propriile noastre gesturi faciale și să le
folosim în mod conștient pentru a transmite
corect ceea ce simțim sau gândim.
Recunoașterea și interpretarea corectă a
gesturilor faciale ale celorlalți ne pot ajuta să ne
conectăm mai bine cu ei și să construim relații
mai puternice și mai autentice.

Contextul joacă un rol crucial în interpretarea gesturilor și a expresiilor faciale.

Este important să ne dăm seama că nu putem lua în considerare doar gesturile sau expresiile faciale izolate pentru a înțelege cu adevărat ceea ce simte sau ce vrea să transmită o persoană. Contextul în care se desfășoară interacțiunea este esențial pentru a putea interpreta corect semnificația acestor gesturi și expresii.

De-a lungul istoriei, oamenii au căutat mereu să descifreze limbajul non-verbal al celor din jur. Gesturile și expresiile faciale sunt parte integrantă a comunicării umane și reprezintă o modalitate prin care putem transmite sau primi informații și emoții. Dar gesturile și expresiile faciale pot fi interpretate greșit atunci când nu sunt luate în considerare elementele contextuale.

Contextul este acel „cadru" în care se desfășoară o interacțiune și care ne oferă informații esențiale pentru a ne ajuta să interpretăm corect ceea ce vede, aude sau simte o persoană. Acesta poate include factori precum locul unde se desfășoară interacțiunea, relația dintre cei implicați, istoricul comunicării, evenimentele anterioare sau chiar cultura și tradițiile în care este încastrată persoana.

Un exemplu simplu ar putea fi un zâmbet.

În mod obișnuit, un zâmbet este asociat cu bucurie sau fericire, dar în anumite contexte acesta poate avea și alte semnificații.

- De exemplu, un zâmbet fals sau forțat poate fi utilizat pentru a masca adevăratele emoții ale unei persoane sau pentru a evita un conflict. În acest caz, contextul în care apare zâmbetul este esențial pentru a ne da seama că ceva este în neregulă.

Alteori, un gest aparent simplu, precum ridicarea sprâncenelor, poate avea mai multe semnificații în funcție de context. În timp ce în unele culturi acest gest poate indica mirare sau surpriză, în altele poate fi interpretat ca semn de dispreț sau neîncredere. Prin urmare, interpretarea corectă a acestui gest depinde de contextul cultural în care se desfășoară interacțiunea.Expresiile faciale pot avea și ele semnificații diferite în funcție de context. De exemplu, un zâmbet involuntar sau o strâmbătură pot fi interpretate diferit în funcție de relația dintre cei implicați sau de evenimentele anterioare. Prin urmare, pentru a înțelege cu adevărat ce vrea să transmită o persoană prin expresiile faciale, este important să luăm în considerare tot contextul în care se desfășoară interacțiunea.

Contextul poate fi și el influențat de factori precum emoțiile sau starea de spirit a unei persoane.

- De exemplu, într-o situație în care cineva se simte stresat sau tensionat, gesturile și expresiile faciale ale acelei persoane pot fi interpretate în mod diferit față de o situație în care se simte relaxat sau fericit. Prin urmare, emoțiile și starea de spirit a unei persoane joacă un rol important în modul în care gesturile și expresiile faciale sunt percepute și interpretate. Contextul poate oferi indicii importante cu privire la intențiile unei persoane atunci când comunică.

- De exemplu, în cadrul unei negocieri sau a unei discuții importante, gesturile și expresiile faciale pot fi folosite pentru a transmite mesaje subtile sau pentru a influența opinia celor din jur. Prin urmare, în astfel de situații, interpretarea corectă a gesturilor și a expresiilor faciale poate face diferența între reușită și eșec.

De asemenea, contextul poate influența și capacitatea unei persoane de a-și controla gesturile și expresiile faciale.

- De exemplu, într-o situație în care cineva se simte jignit sau supărat, este posibil ca acea persoană să aibă dificultăți în a-și controla expresiile faciale și să transmită astfel emoțiile sale în mod involuntar. Prin urmare, contextul poate juca un rol important în modul în care gesturile și expresiile faciale sunt percepute și interpretate.

Un alt aspect important al contextului în interpretarea gesturilor și a expresiilor faciale este acela că acesta poate oferi informații suplimentare cu privire la motivele din spatele acestora.

- De exemplu, atunci când cineva face un gest de a-și mângâia părul sau de a-și atinge gâtul în timp ce vorbește, acest gest poate fi interpretat ca un semn de anxietate sau de nervozitate. Prin urmare, contextul în care apare acest gest poate oferi indicii despre ce anume îl determină pe respectivul individ să aibă aceste reacții non-verbale.

Într-un mod similar, contextul poate influența și modul în care gesturile și expresiile faciale sunt percepute de către cei din jur.

- De exemplu, într-o situație în care cineva ridică tonul și face gesturi mari cu mâinile în timp ce vorbește, aceasta poate fi interpretat ca o manifestare a furiei sau a agresivității. În schimb, într-un context în care aceleași gesturi sunt făcute în timpul unei discuții animate și pline de pasiune, acestea pot fi interpretate ca semne de entuziasm sau de implicare emoțională.

Pe de altă parte, contextul poate influența și modul în care gesturile și expresiile faciale sunt interpretate în funcție de genul sau vârsta unei persoane.

- De exemplu, în unele culturi, gesturile și expresiile faciale ale femeilor pot fi interpretate diferit față de cele ale bărbaților. De asemenea, în funcție de vârsta unei persoane, gesturile și expresiile faciale pot fi percepute în mod diferit, deoarece acestea pot fi influențate de experiențele și de trăirile acumulate de-a lungul timpului.

Contextul joacă un rol esențial în interpretarea gesturilor și a expresiilor faciale. Este important să luăm în considerare tot ceea ce se petrece în jurul nostru atunci când încercăm să interpretăm semnificația acestor reacții non-verbale. Contextul ne oferă informațiile necesare pentru a înțelege cu adevărat ceea ce vrea să transmită o persoană prin gesturile și expresiile sale faciale.

Expresiile faciale sunt o parte crucială a comunicării umane și pot transmite o gamă largă de emoții și mesaje fără a fi nevoie de cuvinte. Deși poate părea că expresiile faciale sunt universale, interpretarea lor poate varia în funcție de contextul în care sunt folosite. Contextul are un impact semnificativ asupra modului în care percepem și interpretăm expresiile faciale ale celor din jur, deoarece poate oferi informații suplimentare despre situația în care se află persoana respectivă și motivele din spatele emoțiilor sale.

Deși majoritatea oamenilor sunt capabili să recunoască și să interpreteze expresiile faciale de bază, precum bucurie, tristețe sau furie, interpretarea acestora poate fi influențată în mod semnificativ de contextul în care sunt folosite.

 - De exemplu, un zâmbet poate fi interpretat diferit în funcție de ceea ce se întâmplă în acel moment. Dacă cineva zâmbește în timp ce primește o veste bună sau se distrează cu prietenii, acest zâmbet va fi perceput ca fiind sincer și autentic. Însă același zâmbet folosit într-o situație tensionată sau incomodă poate fi interpretat ca fiind fals sau încercat. Contextul poate oferi informații cruciale despre ceea ce simte și gândește o persoană în acel moment, oferindu-ne o mai mare înțelegere a emoțiilor sale și a motivelor din spatele lor.

 - De exemplu, un oftat în timp ce ești singur acasă poate însemna plictiseală sau oboseală, în timp ce același oftat folosit în mijlocul unei discuții încinse poate însemna frustrare sau iritare. Prin urmare, interpretarea corectă a expresiilor faciale necesită o atenție specială acordată contextului în care acestea sunt folosite.

Mai mult decât atât, contextul poate influența și modul în care percepem exprimarea emoțiilor de către alții în funcție de cerințele și normele sociale ale acelui mediu.

- De exemplu, în unele culturi, manifestarea expresiilor de supărare sau tristețe poate fi considerată nepoliticoasă sau inadecvată, motiv pentru care oamenii ar putea să își controleze reacțiile emoționale în public. Însă în alte culturi, manifestarea liberă a emoțiilor poate fi considerată naturală și acceptabilă. Prin urmare, interpretarea corectă a expresiilor faciale necesită o înțelegere a contextului cultural și social în care acestea sunt folosite. De asemenea, contextul în care sunt folosite expresiile faciale poate oferi indicii despre intențiile și motivațiile unei persoane.

- De exemplu, dacă cineva zâmbește în timp ce spun că totul este în regulă, dar folosesc și alte semnale non-verbale care indică nervozitate sau neliniște, este posibil ca zâmbetul să fie fals și să ascundă adevărata lor stare de spirit. În acest caz, interpretarea corectă a expresiilor faciale necesită o atenție deosebită acordată altor aspecte ale comunicării non-verbale și a contextului în care acestea sunt folosite.

În plus, interpretarea corectă a expresiilor faciale în contextul adecvat poate facilita relaționarea și interacțiunea umană, contribuind la dezvoltarea relațiilor interpersonale și la evitarea conflictelor. Prin înțelegerea emoțiilor și intențiilor celor din jur, putem răspunde mai eficient la nevoile lor și putem stabili conexiuni mai puternice.

- De exemplu, dacă observăm că partenerul nostru de discuție este tensionat sau neliniștit, putem adapta tonul și limbajul nostru corporal pentru a-i transmite că suntem deschiși și pregătiți să îl ascultăm. În același timp, o interpretare greșită a expresiilor faciale poate duce la neînțelegeri și tensiuni în relațiile interpersonale.

Capitolul 3: Cum să îți îmbunătățești abilitățile de citire a gesturilor și a expresiilor faciale.

- *Exerciții practice pentru a învăța să interpretezi corect gesturile și expresiile faciale.*
- *Cum să îți îmbunătățești capacitatea de observație și de empatie în comunicare nonverbală.*

Îmbunătățirea abilităților de citire a gesturilor și a expresiilor faciale poate fi extrem de utilă în diferite situații, de la comunicare eficientă până la interpretarea corectă a intențiilor și emoțiilor celor din jur. Aceste abilități pot fi deosebit de importante în mediul profesional, în relații interpersonale sau în interacțiunile de zi cu zi. Înainte de a discuta cum se pot îmbunătăți aceste abilități, este important să înțelegem importanța lor. Gesturile și expresiile faciale sunt modalități naturale de comunicare non-verbală, care pot transmite informații profunde și semnificative despre starea emoțională, intențiile sau gândurile unei persoane. De multe ori, aceste semnale non-verbale pot oferi mai multe informații decât cuvintele însele și pot ajuta la stabilirea unei conexiuni mai puternice și la înțelegerea mai profundă a celor din jur. Există mai multe modalități prin care poți îmbunătăți abilitățile de citire a gesturilor și a expresiilor faciale.

Una dintre cele mai eficiente metode este practica și observarea atentă a comportamentului non-verbal al celor din jur. Cu cât petreci mai mult timp observând gesturile și expresiile faciale ale altor persoane, cu atât vei deveni mai sensibil la aceste semnale și vei putea interpreta mai corect emoțiile și intențiile acestora.

Un alt aspect important în îmbunătățirea abilităților de citire a gesturilor și a expresiilor faciale este să fii atent la propriile tale gesturi și expresii. Odată ce devii conștient de propriul comportament non-verbal, vei putea înțelege mai bine modul în care acesta poate fi perceput de ceilalți și vei putea ajusta sau modifica anumite aspecte pentru a transmite mesaje mai clare și consistente.

De asemenea, studiul psihologiei non-verbale și a semnalelor non-verbale comune poate fi extrem de util în îmbunătățirea abilităților de citire a gesturilor și a expresiilor faciale. Există numeroase cărți și resurse online care oferă informații detaliate despre semnificația diferitelor gesturi și expresii faciale și despre modul în care acestea pot fi interpretate corect.

Un alt aspect important în dezvoltarea abilităților de citire a gesturilor și a expresiilor faciale este să fii deschis și receptiv la feedback.

Cere feedback de la cei din jur cu privire la modul în care îți exprimi emoțiile și intențiile prin gesturi sau expresii faciale și fii dispus să primești și să integrezi aceste sugestii pentru a-ți îmbunătăți abilitățile de comunicare non-verbală.

În plus, tehnologia modernă poate fi un instrument util în îmbunătățirea abilităților de citire a gesturilor și a expresiilor faciale. Există numeroase aplicații și instrumente online care pot ajuta la antrenarea și dezvoltarea abilităților de interpretare a semnalelor non-verbale, oferind feedback și instrucțiuni personalizate pentru îmbunătățirea acestor abilități.

Îmbunătățirea abilităților de citire a gesturilor și a expresiilor faciale poate fi un proces continuu și în evoluție, care necesită dedicare și atenție constantă. Cu practică și observație atentă, poți dezvolta aceste abilități și poți deveni mai expert în interpretarea semnalelor non-verbale ale celor din jur, ceea ce va contribui la îmbunătățirea relațiilor interpersonale și la comunicare eficientă în diferite contexte.

Îmbunătățirea abilităților de citire a gesturilor este esențială pentru a putea înțelege mai bine comunicarea non-verbală a celor din jur și pentru a ne putea adapta mai bine în diverse situații sociale.

Gesturile pot transmite multe informații despre starea de spirit, intențiile sau emoțiile unei persoane și pot oferi indicii importante în ceea ce privește modul în care suntem percepuți de ceilalți.

Există multe modalități prin care putem să ne îmbunătățim aceste abilități, iar în cele ce urmează vom explora câteva strategii eficiente pe care le putem folosi în acest sens.

- Observarea atentă a gesturilor.

Primul pas în îmbunătățirea abilităților de citire a gesturilor este să fim atenți la comportamentul non-verbal al celor din jur. Observarea cu atenție a gesturilor, mimicii faciale, posturii corporale și tonalității vocii ne poate oferi informații valoroase despre ceea ce gândesc sau simt alte persoane.

Pentru a putea face acest lucru, trebuie să fim conștienți de propriile noastre gesturi și să fim atenți la felul în care acestea sunt interpretate de către ceilalți. De asemenea, putem să ne exercităm capacitatea de observație prin intermediul unor exerciții practice, cum ar fi urmărirea atentă a gesturilor în cadrul unor conversații sau analiza filmelor sau emisiunilor TV pentru a identifica diverse tipuri de gesturi și comportamente non-verbale.

- Învățarea semnificației gesturilor.

Pentru a putea interpreta corect gesturile celor din jur, este important să învățăm semnificația acestora. De exemplu, un zâmbet larg și sincer poate indica fericire sau entuziasm, în timp ce un încruntat poate fi un semn de nemulțumire sau frustrare. De asemenea, gesturile ca atingerea feței, încrucișarea brațelor sau evitarea contactului vizual pot avea diferite înțelesuri și pot indica stres, anxietate sau lipsă de încredere.

Pentru a obține o mai bună înțelegere a gesturilor, putem să citim cărți despre limbajul non-verbal, să urmărim prelegeri sau cursuri online pe această temă sau să discutăm cu specialiști în domeniul comunicării non-verbale. De asemenea, ne putem antrena să recunoaștem gesturile și să le interpretăm corect prin intermediul jocurilor de rol sau a exercițiilor practice.

- Exersarea empatiei și a comunicării non-verbale.

Pentru a ne îmbunătăți abilitățile de citire a gesturilor, este important să exersăm empatia și să fim atenți la nevoile și sentimentele celor din jur. Încercând să ne punem în locul lor și să înțelegem ce simt sau gândesc, vom putea să interpretăm mai precis gesturile lor și să răspundem în consecință.

De asemenea, este important să ne antrenăm în comunicarea non-verbală și să folosim gesturile în mod conștient pentru a-ți exprima emoțiile sau intențiile noastre. Putem să învățăm tehnici de comunicare non-verbală prin intermediul workshop-urilor sau cursurilor dedicate acestui subiect sau să exersăm gesturile în fața unei oglinzi pentru a ne observa propriile noastre exprimări faciale și postură corporală.

- Practicarea atenției pline și a mindfulness-ului.

Atenția plină și mindfulness-ul sunt tehnici care pot să ne ajute să fim mai prezenți în momentul prezent și să ne concentrăm mai bine asupra gesturilor și semnalelor non-verbale pe care le primim de la ceilalți. Prin practicarea acestor tehnici, putem să reducem nivelul de stres și anxietate, să ne creștem capacitatea de observație și să fim mai receptivi la emoțiile și nevoile celor din jur.

Există multe modalități prin care putem să exersăm atenția plină și mindfulness-ul, cum ar fi meditația, respirația conștientă sau exercițiile de relaxare și concentrare. Aceste practici ne pot ajuta să devenim mai conștienți de propriile noastre reacții și să învățăm să răspundem în mod adecvat la gesturile și semnalele non-verbale ale celor din jur.

Îmbunătățirea abilităților de citire a gesturilor este un proces continuu de învățare și antrenament care necesită observație atentă, înțelegere a semnificațiilor gesturilor, exersare a empatiei și a comunicării non-verbale și practicarea atenției pline și mindfulness-ului. Prin intermediul acestor strategii eficiente, putem să devenim mai buni în interpretarea gesturilor celor din jur și să ne dezvoltăm abilități de comunicare non-verbală mai avansate.

Interpretarea gesturilor și expresiilor faciale este o abilitate crucială în comunicare, deoarece ne ajută să înțelegem mai bine ceea ce ceilalți transmit fără a spune cuvinte. De cele mai multe ori, gesturile și expresiile faciale pot oferi indicii importante despre starea emoțională a unei persoane, intențiile sale sau modul în care percepe o anumită situație. Prin urmare, este esențial să fim capabili să interpretăm corect aceste semnale non-verbale pentru a facilita o comunicare eficientă și a evita eventuale neînțelegeri.

Pentru a învăța să interpretăm corect gesturile și expresiile faciale, este important să practicăm regulat și să fim atenți la detalii.

Mai jos, am enumerat 10 exerciții practice care te pot ajuta să-ți dezvolți această abilitate în mod efectiv:

- Observă gesturile și expresiile faciale ale celor din jur în diferite situații:

începe să fii mai atent la cei din jur și la modul în care își exprimă emoțiile prin gesturi și expresii faciale. Fii atent la cum se schimbă aceste semnale non-verbale în funcție de context și de starea emoțională a persoanei.

- Studiază limbajul corpului:

citind cărți sau urmărind videoclipuri despre limbajul corpului, vei învăța mai multe despre semnificația gesturilor și a posturilor corpului în diferite situații. Acest lucru te va ajuta să înțelegi mai bine ce transmite o persoană prin gesturi și să interpretezi corect aceste semnale non-verbale.

- Practică în oglindă:

fă exerciții în fața oglinzii pentru a observa cum îți schimbi expresiile faciale în funcție de emoțiile pe care le resimți. Încearcă să identifici cum îți poți controla mai bine expresiile faciale și gesturile pentru a-ți transmite mai eficient emoțiile și intențiile.

- Participă la sesiuni de improvizație:

implicarea în activități de improvizație te poate ajuta să fii mai atent la gesturile și expresiile faciale ale celorlalți și să răspunzi în mod corespunzător cu gesturi.

- Exersează empatia:
învățarea să fii empatic cu ceilalți te poate ajuta să înțelegi mai bine stările emoționale ale acestora prin gesturi și expresii faciale.

- Analizează filme și seriale:
urmărirea unor filme sau seriale în care personajele își exprimă emoțiile prin gesturi și expresii faciale poate fi o modalitate utilă de a învăța să interpretăm corect aceste semnale non-verbale. Fii atent la cum se schimbă expresiile faciale ale personajelor în funcție de emoțiile pe care le resimt.

- Exersează în grupuri mici:
 implică-te în discuții sau activități de grup în care poți să observi mai bine gesturile și expresiile faciale ale celor din jur și să practici interpretarea acestor semnale non-verbale. Discută cu ceilalți participanți despre cum își exprimă ei emoțiile și cum ai putea să identifici mai bine aceste semnale.

- Intreabă-i pe cei din jur:
 dacă ai dificultăți în interpretarea gesturilor și expresiilor faciale ale celor din jur, nu ezita să îi întrebi direct despre ceea ce simt sau gândesc.

1. Aplică feedbackul primit: încurajează-i pe cei din jur să-ți ofere feedback despre modul în care îți exprimi emoțiile și gesturile în diferite situații.

Aplică învățăturile primite pentru a-ți
îmbunătăți abilitatea de a interpreta corect
gesturile și expresiile faciale ale celorlalți.
  • Exersează în situații reale:
pune în practică cunoștințele și abilitățile
dobândite în situații reale, în care poți să aplici
interpretarea corectă a gesturilor și expresiilor
faciale pentru a facilita o comunicare eficientă
și constructivă. Fii conștient de reacțiile pe care
le primești din partea celorlalți și ajustează-ți
comportamentul în funcție de semnalele non-
verbale pe care le recepționezi.
Interpretarea corectă a gesturilor și expresiilor
faciale este o abilitate importantă în
comunicare, care poate contribui la
îmbunătățirea relațiilor interpersonale și la
evitarea neînțelegerilor. Prin practicarea
regulată a exercițiilor de mai sus și aplicarea lor
în situații reale, poți să-ți dezvolți abilitatea de
a interpreta corect semnalele non-verbale și de
a comunica într-un mod eficient și empatic cu
cei din jur.
Îmbunătățirea capacității de observație și de
empatie în comunicare nonverbală este un
proces complex și continuu, care implică atât
conștientizarea propriilor gesturi și exprimări
nonverbale, cât și capacitatea de a interpreta
corect semnalele nonverbale ale celorlalți.

Pentru a deveni mai eficienți în comunicarea nonverbală, este important să fim atenți la mai multe aspecte, cum ar fi limbajul trupului, mimica facială, tonul vocii, contactul vizual și gesturile.

Un prim pas în îmbunătățirea capacității de observație și empatie în comunicare nonverbală este conștientizarea propriilor gesturi și exprimări nonverbale. Acest lucru înseamnă să fim atenți la modul în care ne comportăm în timpul unei conversații, să ne observăm mimica facială, postura, gesturile și tonul vocii. Uneori, ne putem da seama că ceea ce comunicăm cu adevărat nu este întotdeauna în concordanță cu ceea ce spunem verbal.

 - De exemplu, dacă stăm cu brațele încrucișate sau avem o mimica facială închisă, putem transmite fără voie că suntem defensivi sau neprietenoși, chiar dacă nu ne dorim acest lucru.

Pe de altă parte, pentru a dezvolta empatia în comunicare nonverbală, este important să fim atenți la semnalele nonverbale ale celorlalți și să le interpretăm corect. Gesturile, postura, mimica facială și tonul vocii pot fi indicatori puternici ai emoțiilor și intențiilor unei persoane, iar capacitatea noastră de a le observa și de a le înțelege poate fi crucială în stabilirea și menținerea unei conexiuni autentice într-o conversație.

- De exemplu, dacă cineva își așează mâinile în poală și își înclină capul într-o anumită direcție în timp ce ne vorbește, acest lucru poate indica interes sau implicare în ceea ce spunem.
Pentru a îmbunătăți capacitatea de observație și empatie în comunicare nonverbală, este util să practicăm unele tehnici și exerciții specifice. Un exercițiu recomandat este acela de a observa oamenii din jurul nostru și de a încerca să identificăm diferitele semnale nonverbale pe care le transmit. Putem încerca să ghicim starea emoțională a unei persoane sau intențiile sale în funcție de limbajul trupului sau de mimica facială. Acest exercițiu ne poate ajuta să devenim mai conștienți de semnalele nonverbale pe care le transmitem și să ne îmbunătățim abilitatea de a le interpreta corect în interacțiunile noastre cu ceilalți.
Un alt aspect important în dezvoltarea capacității de observație și de empatie în comunicare nonverbală este contactul vizual. Contactul vizual poate fi un indicator puternic al atenției și implicării noastre în conversație, precum și un semn de respect și încredere în interlocutor. Este important să privim persoana cu care vorbim în ochi și să fim atenți la reacțiile pe care le avem în timpul convorbirii.

Un contact vizual prelungit și empatic poate contribui la stabilirea unei conexiuni mai profunde în comunicare nonverbală și poate spori înțelegerea reciprocă.

În plus, tonul vocii are și el un rol important în comunicarea nonverbală și poate influența modul în care mesajul nostru este perceput de către ceilalți. Tonul vocii poate transmite emoții, intenții și atitudini, iar capacitatea noastră de a modula tonul vocii în funcție de context și de persoana cu care interacționăm poate fi crucială în comunicarea nonverbală eficientă. Este important să fim atenți la modul în care ne exprimăm verbal și să ne asigurăm că tonul vocii noastre este potrivit pentru mesajul pe care vrem să-l transmitem.

Gesturile sunt de asemenea un aspect important al comunicării nonverbale și pot fi folosite pentru a spori eficacitatea și impactul mesajului nostru. Gesturile, precum mângâierea părului, atingerea obrajilor sau ridurile frunții, pot fi indicatori ai emoțiilor și intențiilor noastre și pot contribui la transmiterea unei informații mai clare și mai expresive în comunicare nonverbală. Este important să fim conștienți de gesturile noastre și să le folosim în mod intenționat pentru a întări mesajul pe care îl transmitem verbal.

Îmbunătățirea capacității de observație și de empatie în comunicare nonverbală este un proces continuu și complex, care necesită atenție și practică constantă. Prin conștientizarea propriilor gesturi și exprimări nonverbale, precum și prin observarea și interpretarea corectă a semnalelor nonverbale ale celorlalți, putem deveni mai eficienți și mai empatici în interacțiunile noastre cu ceilalți. Exercițiile practice, cum ar fi observarea oamenilor din jurul nostru și interpretarea semnalelor nonverbale pe care le transmit, pot fi de ajutor în dezvoltarea abilităților noastre în comunicare nonverbală și în construirea unei conexiuni autentice și empatici cu cei din jurul nostru.

Capitolul 4: Cum să folosești gesturile și expresiile faciale în comunicare.

- *Tehnici eficiente pentru a-ți exprima gândurile și emoțiile prin gesturi și expresii faciale.*
- *Cum să te adaptezi la interlocutorul tău prin intermediul comunicării nonverbale.*

Comunicarea umană nu se rezumă doar la cuvinte sau sunete emise de către vorbitor, ci și la gesturi și expresii faciale. Acestea joacă un rol important în transmiterea mesajului și în înțelegerea între doi sau mai mulți interlocutori. Gesturile și expresiile faciale pot oferi informații suplimentare și pot amplifica sau modifica semnificația cuvintelor rostite. Prin urmare, este important să învățăm cum să folosim în mod corespunzător gesturile și expresiile faciale în comunicare pentru a fi mai eficienți în interacțiunile noastre cu ceilalți. Gesturile pot fi clasificate în gesturi emblemă, gesturi ilustrative, gesturi regulate, gesturi adaptate și gesturi de reglare. Gesturile emblemă sunt gesturi care au o semnificație clară și recunoscută într-o anumită cultură, precum ridicarea degetului arătător pentru a indica „unu" sau forma unui cerc din degetele împreunate pentru a semnifica „zero".

Gesturile ilustrative sunt acele gesturi care însotesc vorbele si care ajuta la ilustrarea sau accentuarea ceea ce spune vorbitorul.
De exemplu, arătarea direcției cu degetul sau folosirea bratelor pentru a descrie dimensiunea unui obiect. Gesturile regulate sunt cele pe care le facem fără să ne dăm seama, precum așezarea mâinilor pe masă sau încrucișarea picioarelor. Gesturile adaptate sunt acele gesturi pe care le facem pentru a ne adapta la interlocutor sau la contextul comunicativ, cum ar fi atingerea feței sau a părții din spate a capului pentru a exprima anxietate sau nervozitate. Gesturile de reglare sunt cele folosite pentru a controla ritmul și fluxul comunicării, precum ridicarea mâinilor pentru a cere cuvântul sau a mima un stop cu palma pentru a opri vorbirea.Expresiile faciale sunt la fel de importante în comunicare ca și gesturile, deoarece pot transmite o gamă largă de emoții și stări afective. Prin expresiile faciale putem exprima bucurie, tristețe, frică, surprindere, furie sau dezamăgire. Aceste emoții sunt recunoscute universal și ele pot fi comunicate prin intermediul unor mișcări specifice ale muschilor feței, precum ridicaia sprâncenelor, clintirea capului, zâmbetul sau încruntarea.

De exemplu, un zâmbet larg poate exprima fericire sau plăcere, în timp ce o privire încruntată poate transmite disconfort sau neînțelegere.Pentru a folosi în mod eficient gesturile și expresiile faciale în comunicare, este important să fim conștienți de mesajul pe care dorim să îl transmitem și să facem alegeri conștiente privind gesturile și expresiile pe care le folosim. Este important să facem gesturi și să avem expresii faciale congruente cu ceea ce spunem pentru a fi credibili și pentru a transmite în mod corect mesajul dorit. De exemplu, dacă spunem că suntem fericiți, dar avem o expresie facială tristă, interlocutorul ar putea fi confuz sau să nu ne creadă. Gesturile și expresiile faciale pot fi utilizate și pentru a amplifica sau modifica mesajul verbal. De exemplu, putem folosi gesturi și expresii exagerate pentru a sublinia importanța unui mesaj sau putem folosi un ton jovial și un zâmbet pentru a adăuga umor și caldura la o conversație. De asemenea, putem folosi gesturi și expresii faciale pentru a oferi feedback sau pentru a confirma că aminte înțeles mesajul celuilalt.

De exemplu, putem clinti din cap afirmativ pentru a arăta că suntem de acord sau putem aproba cu un zâmbet pentru a indica înțelegerea și acceptarea.

Un alt aspect important al folosirii gesturilor și expresiilor faciale în comunicare este adaptarea la interlocutor sau la contextul comunicativ. Gesturile și expresiile faciale pot fi interpretate diferit în funcție de cultură sau de contextul social în care au loc. Prin urmare, este important să fim conștienți de sensibilitatea culturală și de trăsăturile individuale ale interlocutorului pentru a evita situații neplăcute sau neînțelegeri. De exemplu, un gest care este considerat pozitiv sau plăcut într-o cultură poate fi considerat ofensator sau nepotrivit într-o altă cultură.

De asemenea, gesturile și expresiile faciale pot fi folosite și pentru a gestiona conflictele sau tensiunile în comunicare. Prin intermediul gesturilor și expresiilor pot transmite anumite emoții sau intenții fără a fi nevoie să le spunem în mod direct. Putem folosi gesturi și expresii faciale pentru a arăta că ne-am supărat sau că suntem dezamăgiți de ceva, fără să folosim cuvinte sau să recurgem la expresii verbale dure. De asemenea, putem folosi gesturi și expresii faciale pentru a calma situațiile tensionate sau pentru a transmite empatie și înțelegere în momente dificile.

Gesturile și expresiile faciale sunt elemente esențiale în comunicare și pot avea un impact semnificativ asupra modului în care mesajul nostru este receptat și interpretat de către ceilalți. Prin folosirea gesturilor și expresiilor faciale în mod corespunzător, putem amplifica și completa mesajul verbal, putem exprima emoții și intenții, putem gestiona conflictele sau tensiunile în comunicare și putem întări legăturile cu cei din jur. Prin urmare, este important să învățăm să fim atenți la gesturile și expresiile noastre și să le folosim în mod conștient și eficient pentru a comunica mai clar, mai empatic și mai eficient în relația cu ceilalți.Exprimarea gândurilor și emoțiilor prin gesturi și expresii faciale este o formă importantă de comunicare non-verbală, care poate ajuta la transmiterea unor mesaje puternice și clare. În timp ce vorbirea este un mod eficient de a transmite informații, gesturile și expresiile faciale adaugă o dimensiune suplimentară comunicării și pot ajuta la amplificarea sau îmbogățirea mesajului transmis.

Când vine vorba de exprimarea gândurilor și emoțiilor prin gesturi și expresii faciale, există câteva tehnici eficiente pe care le poți folosi pentru a-ți face comunicarea mai puternică și mai eficientă.

În continuare, vom explora aceste tehnici și cum le poți aplica în viața de zi cu zi.

- Fiți autentic și autentic:

Una dintre cele mai importante aspecte ale exprimării gândurilor și emoțiilor prin gesturi și expresii faciale este autenticitatea. Pentru a fi eficient în comunicarea non-verbală, trebuie să fii sincer și autentic în tot ceea ce faci. Gesturile și expresiile faciale vor fi mai credibile și mai puternice atunci când le folosești în mod autentic și nu le imită.

- Fiți conștient de limbajul corpului:

Gesturile și expresiile faciale pe care le folosești pot avea un impact puternic asupra modului în care ceilalți te percep. Este important să fii conștient de limbajul corpului și să îți reglezi gesturile și expresiile faciale în funcție de mesajul pe care vrei să îl transmiți. De exemplu, dacă vrei să arăți că ești deschis și receptiv, poziția corpului tău ar trebui să fie deschisă și relașată.

- Folosiți contactul vizual:

Contactul vizual este un element important al comunicării non-verbale și poate avea un impact semnificativ asupra modului în care ești perceput de ceilalți. Atunci când comunici cu cineva, încearcă să menții contactul vizual pentru a-ți arăta interesul și implicarea în conversație.

Acest lucru poate ajuta la consolidarea relațiilor și la crearea unei conexiuni mai puternice cu interlocutorul tău.

- Reglați tonul vocii:

Tonul vocii tale poate influența modul în care sunt percepute gesturile și expresiile faciale. În timp ce gesturile și expresiile faciale pot transmite anumite emoții și gânduri, tonul vocii tale poate amplifica sau contra-balansa aceste mesaje. Încearcă să îți reglezi tonul vocii în funcție de emoțiile pe care vrei să le transmiți pentru a asigura o comunicare mai eficientă.

- Practicați empatia:

Empatia este o componentă crucială a comunicării non-verbale și poate ajuta la crearea unei conexiuni mai profunde cu interlocutorul tău. Atunci când ești empatic, vei fi mai receptiv la emoțiile și gândurile celor din jur și îți vei putea ajusta gesturile și expresiile faciale în funcție de nevoile și stările lor emoționale.

- Fiți deschiși și receptivi la feedback:

Feedback-ul este esențial pentru a îmbunătăți abilitățile de comunicare non-verbală. Întreabă-i pe cei din jurul tău cum îți percep gesturile și expresiile faciale și folosește aceste informații pentru a-ți îmbunătăți abilitățile. Fiți deschiși la sugestii și încercați să vă adaptați comportamentul în funcție de feedback-ul primit.

- Învățați să citiți gesturile și expresiile altora:

Înțelegerea limbajului non-verbal nu se referă doar la propriile gesturi și expresii faciale, ci și la capacitatea de a citi semnalele non-verbale ale altora. Învățarea să citiți gesturile și expresiile faciale ale celor din jur vă poate ajuta să vă adaptați comunicarea și să vă îmbunătățiți abilitățile de interacțiune.

- Practicați mindfulness:

Mindfulness-ul poate ajuta la creșterea conștientizării și centrării în momentul prezent, ceea ce poate îmbunătăți capacitatea de a folosi gesturile și expresiile faciale în mod eficient. Exercițiile de mindfulness vă pot ajuta să vă relaxați și să vă concentrați mai bine asupra comunicării non-verbale.

- Folosiți expresii faciale autentice:

Expresiile faciale autentice pot avea un impact puternic asupra modului în care ești perceput de ceilalți. Încercați să folosiți expresii faciale care reflectă cu adevărat emoțiile și gândurile pe care le aveți și evitați să vă ascundeți sau să vă inhibați emoțiile.

- Experimentați cu gesturi și expresii faciale:

Pentru a vă îmbunătăți abilitățile de comunicare non-verbală, puteți experimenta cu diferite gesturi și expresii faciale și să vedeți cum sunt percepute de cei din jur.

Încercați să vă adaptați gesturile și expresiile faciale în funcție de context și de interlocutor și observați care sunt cele mai eficiente în comunicarea voastră.

Exprimarea gândurilor și emoțiilor prin gesturi și expresii faciale este o formă importantă de comunicare non-verbală, care poate avea un impact puternic asupra modului în care ești perceput de ceilalți. Prin aplicarea tehnicilor eficiente de comunicare non-verbală, precum autenticitatea, conștiența limbajului non-verbal, contactul vizual și empatia, vei putea comunica mai eficient și să îți faci mesajele mai puternice și mai clare. Practicați aceste tehnici în viața de zi cu zi și veți observa o îmbunătățire semnificativă în abilitățile voastre de comunicare non-verbală.

Comunicarea nonverbală este un aspect extrem de important al interacțiunii umane, deoarece ea poate transmite o multitudine de informații și emoții fără să fie nevoie de cuvinte. De cele mai multe ori, comunicarea nonverbală este chiar mai puternică decât cea verbală și poate fi deosebit de eficientă în stabilirea unei conexiuni cu interlocutorul. A fi capabil să te adaptezi la interlocutorul tău prin intermediul acestui tip de comunicare poate fi extrem de util într-o varietate de situații, de la interviuri de angajare sau negocieri până la întâlniri romantice sau discuții cu prietenii.

Adaptarea la interlocutorul tău prin intermediul comunicării nonverbale presupune în primul rând să fii conștient de propriile tale gesturi, expresii faciale, ton al vocii și postură. Apoi, trebuie să fii atent la semnalele nonverbale pe care le primești de la celălalt și să te ajustezi în consecință. Este important să îți păstrezi o atitudine deschisă și receptivă pentru a putea citi corect semnalele nonverbale ale interlocutorului și pentru a-i transmite și tu semnalele potrivite.

Vom explora mai în detaliu diverse aspecte ale comunicării nonverbale care te pot ajuta să te adaptezi la interlocutorul tău într-o varietate de situații.

- Expresii faciale.

Expresiile faciale sunt poate cele mai evidente semnale nonverbale pe care le putem observa și interpreta în comunicare. Ele pot transmite o multitudine de emoții, de la fericire și entuziasm până la tristețe și frustrare. Dacă vrei să te adaptezi la interlocutorul tău prin intermediul expresiilor faciale, începe prin a fi conștient de propriile tale expresii. În general, este bine să ai o expresie deschisă și prietenoasă, pentru a-i transmite interlocutorului că ești deschis la dialog și că ești receptiv la ceea ce comunică el.

Totodată, este important să fii atent la expresiile faciale ale interlocutorului și să le interpretezi corect. Dacă observi că are o expresie îngrijorată sau supărată, încearcă să îi transmiți prin propriile expresii faciale empatie și înțelegere.

De exemplu, poți ridica ușor sprâncenele sau îți poți lăsa privirea să fie mai caldă pentru a-i transmite că îl înțelegi și că ești alături de el.

- Tonul vocii.

Tonul vocii este un alt aspect important al comunicării nonverbale și poate transmite multe informații despre starea emoțională a vorbitorului. Dacă vrei să te adaptezi la interlocutorul tău prin intermediul tonului vocii, începe prin a-ți regla tonul în funcție de context și de emoțiile pe care vrei să le transmiți. Dacă vrei să transmiți entuziasm sau bucurie, poți să îți ridici tonul vocii și să îl faci să fie mai energic și alert. Dacă vrei să transmiți empatie sau înțelegere, poți să îți cobori tonul și să îl faci mai bland și mai prietenos.

De asemenea, este important să fii atent la tonul vocii interlocutorului și să îl interpretezi corect. Dacă observi că vorbește cu un ton ridicat sau încordat, încearcă să îți ajustezi și tu tonul pentru a se potrivi cu al lui. Astfel, îi vei transmite că îl asculți cu atenție și că îi acorzi importanța cuvenită.

- Postura corpului

Postura corpului poate transmite multe informații despre starea emoțională și mentală a unei persoane și poate influența și modul în care este percepută de ceilalți. Dacă vrei să te adaptezi la interlocutorul tău prin intermediul posturii corpului, începe prin a avea o postură deschisă și relaxată. Evită să îți încrucișezi brațele sau să îți îndoi umerii, deoarece aceste gesturi pot fi interpretate ca semne de defensivă sau de respingere.

Încearcă să îți menții spatele drept și să îți păstrezi umerii relaxați pentru a transmite o imagine de încredere și deschidere. De asemenea, încearcă să îți aliniezi privirea cu cea a interlocutorului și să îți ajustezi poziția corpului în funcție de direcția în care se îndreaptă el. Astfel, îi vei transmite că ești atent la ceea ce spune și că îți acorzi importanța cuvenită.

- Gesturile.

Gesturile sunt un alt aspect important al comunicării nonverbale și pot completa și amplifica mesajul verbal transmis. Gesturile pot transmite emoții puternice și pot susține sau contrazice ceea ce este spus verbal. Dacă vrei să te adaptezi la interlocutorul tău prin intermediul gesturilor, începe prin a folosi gesturi care să susțină și să întărească ceea ce spui verbal. De exemplu, poți să folosești gesturi ample și expresive pentru a sublinia anumite idei sau să asezi mâinile pe inimă pentru a transmite că vorbești sincer și din inimă.

Totodată, este important să fii atent la gesturile interlocutorului și să le interpretezi corect. Dacă observi că face gesturi repetitive sau are un anumit tipar de gesturi, încearcă să îți ajustezi și tu gesturile pentru a se potrivi cu ale sale. Astfel, vei putea să stabilești o conexiune mai puternică cu el și să îi transmiți că ești receptiv la ceea ce comunică el nonverbal.

- Contactul vizual

Contactul vizual este un alt aspect important al comunicării nonverbale și poate influența în mod semnificativ modul în care este percepută o persoană. Dacă vrei să te adaptezi la interlocutorul tău prin intermediul contactului vizual, începe prin a menține o privire caldă și deschisă. Privirea este un element extrem de puternic în comunicare și poate transmite multe emoții și informații fără să fie nevoie de cuvinte. Astfel, poți să folosești privirea pentru a transmite încredere, empatie, sau susținere.

- Este important să fii atent la contactul vizual al interlocutorului și să îl interpretezi corect.

Dacă observi că evită privirea sau că nu te privește în ochi, încearcă să îi transmiți prin propriul contact vizual că ești deschis la dialog și că îți acorzi atenția deplină. De asemenea, evită să îi fixezi privirea prea insistent sau să o întorci mereu în altă parte, deoarece acest lucru poate fi interpretat ca semn de disconfort sau de nervozitate.

- Spațiul personal.

Spațiul personal este un alt aspect important al comunicării nonverbale și poate influența în mod subtil modul în care este percepută o persoană. Dacă vrei să te adaptezi la interlocutorul tău prin intermediul spațiului personal, începe prin a fi atent la distanța fizică pe care o păstrezi între tine și el. În general, este recomandat să păstrezi o distanță de aproximativ o lungime de braț între tine și interlocutor pentru a se simți confortabil și în siguranță.

De asemenea, este important să fii atent la spațiul personal al interlocutorului și să îl respecți. Dacă observi că se retrage sau că pare inconfortabil cu distanța pe care o păstrezi, încearcă să îți ajustezi poziția și să îi acorzi mai mult spațiu. Astfel, îi vei transmite că îți respecți limitele sale și că îți pasă de confortul său.

- Mimica feței.

Mimica feței este un alt aspect important al comunicării nonverbale și poate transmite multe emoții și informații despre starea emoțională a unei persoane. Dacă vrei să te adaptezi la interlocutorul tău prin intermediul mimicii feței, începe prin a fi atent la expresiile faciale pe care le afișează el.

De exemplu, dacă observi că are o expresie îngrijorată sau supărată, încearcă să îți ajustezi și tu mimica feței pentru a reflecta aceste emoții și pentru a arăta că ești empatic și înțelegător.

De asemenea, încearcă să fii autentic și sincer în afișarea emoțiilor tale prin mimica feței. Evită să îți maschezi emoțiile sau să le exagerezi în mod artificial, deoarece acest lucru poate să fie perceput ca fiind nepotrivit sau necorespunzător. În schimb, încearcă să îți folosești mimica feței pentru a susține și a întări ceea ce spui verbal și pentru a transmite emoțiile tale într-un mod cât mai autentic și sincer.

- Culoarea și stilul vestimentar.

Culoarea și stilul vestimentar pot fi, de asemenea, aspecte importante ale comunicării nonverbale și pot influența în mod subtil modul în care este percepută o persoană. Dacă vrei să te adaptezi la interlocutorul tău prin intermediul vestimentației, începe prin a alege haine care să reflecte stilul și personalitatea ta și care să te facă să te simți confortabil și încrezător. Evită să te îmbraci în mod exagerat sau să încerci să imiți stilul altcuiva, deoarece acest lucru poate să fie perceput ca fiind nepotrivit sau neautentic.

De asemenea, este important să fii atent la felul în care te îmbraci și să îl adaptezi la contextul și la preferințele interlocutorului. Dacă știi că interlocutorul are anumite preferințe în materie de vestimentație sau că valoarează anumite stiluri sau culori, încearcă să îți adaptezi vestimentația în consecință. Astfel, îi vei transmite că ești atent la detaliile sale și că îți pasă de părerea și de părerea sa.

- Miscările corporale.

Miscările corporale sunt un alt aspect important al comunicării nonverbale și pot transmite multe informații despre starea emoțională și mentală a unei persoane. Dacă vrei să te adaptezi la interlocutorul tău prin intermediul mișcărilor corpului, începe prin a fi conștient de propriile tale mișcări și de felul în care acestea pot fi percepute de ceilalți. Încearcă să păstrezi mișcările tale în limitele spațiului tău personal și să eviți să faci gesturi prea ample sau prea agresive, deoarece acestea pot să fie percepute ca fiind invazive sau amenințătoare.

De asemenea, este important să fii atent la mișcările corporale ale interlocutorului și să le interpretezi corect. Dacă observi că face mișcări repetitive sau că se agită într-un anumit fel, încearcă să îți ajustezi propriile mișcări și să îi transmiți prin ele că îl asculți cu atenție și că îți acorzi importanța cuvenită. Astfel, vei putea să stabilești o conexiune mai puternică cu el și să îi comunici că ești receptiv la ceea ce transmite el nonverbal.

- Atenția și disponibilitatea.

Atenția și disponibilitatea sunt două aspecte importante ale comunicării nonverbale și pot influența în mod semnificativ modul în care este percepută o persoană. Dacă vrei să te adaptezi la interlocutorul tău prin intermediul atenției și disponibilității tale, începe prin a fi prezent și conectat cu interlocutorul. Ascultă cu atenție ceea ce spune el și arată-i că îi acorzi importanța cuvenită.

De asemenea, arată-ți deschiderea și disponibilitatea pentru dialog prin gesturi și expresii faciale prietenoase și prietenoase. Fii receptiv la ceea ce comunică el nonverbal și încearcă să îți ajustezi atitudinea și comportamentul în funcție de semnalele pe care le primești de la el. Astfel, vei putea să te adaptezi mai eficient la interlocutorul tău și să stabilești o legătură mai puternică cu el.

Comunicarea nonverbală este un element esențial al interacțiunii umane și poate influența în mod subtil modul în care este percepută o persoană. Pentru a te adapta la interlocutorul tău prin intermediul comunicării nonverbale, începe prin a fi conștient de propriile tale gesturi, expresii faciale, ton al vocii și postură. Apoi, fii atent la semnalele nonverbale pe care le primești de la interlocutor și încearcă să îți ajustezi comportamentul și atitudinea în consecință. Cu puțină practică și atenție, vei putea să te adaptezi mai eficient la interlocutorii tăi și să stabilești legături mai puternice și mai autentice cu aceștia.

Capitolul 5: Cum să eviți interpretările greșite în comunicare nonverbală.

- *Comunicarea nonverbală și stereotipurile asociate.*
- *Cum să fii conștient de posibilele erori de interpretare în comunicare nonverbală.*

Comunicarea nonverbală este un aspect extrem de important al interacțiunilor umane, deoarece joacă un rol crucial în transmiterea informațiilor și în stabilirea conexiunilor între oameni. Este esențial să înțelegem cum să interpretăm corect semnalele nonverbale pentru a evita confuziile și neînțelegerile în comunicare.

Există mai multe modalități prin care putem să evităm interpretările greșite în comunicarea nonverbală.

În continuare, voi prezenta câteva strategii și sfaturi pentru a ne ajuta să interpretăm corect semnalele nonverbale și să ne asigurăm că mesajul nostru este înțeles așa cum ne dorim.

- Fii atent la limbajul nonverbal al celuilalt:

Un prim pas important în evitarea interpretărilor greșite în comunicarea nonverbală este să fim atenți la semnalele nonverbale ale interlocutorului. Observă în ce fel își folosește vocea, gesturile, expresiile faciale și postura pentru a-ți da seama ce simte și ce gândește.

Cu cât ești mai atent la aceste semnale, cu atât vei fi mai capabil să îți dai seama ce mesaj transmite.

- Nu presupune nimic:

Un alt aspect important de luat în considerare în interpretarea comunicării nonverbale este să nu faci presupuneri. Nu presupune că știi ce gândește sau ce simte celălalt pe baza semnalelor nonverbale pe care le emite. Fiecare persoană este diferită și poate interpreta și exprima lucrurile în moduri diferite. În loc să faci presupuneri, încearcă să clarifici în mod direct și deschis mesajul interlocutorului.

- Întreabă și ascultă cu atenție:

Pentru a evita interpretările greșite în comunicarea nonverbală, este important să întrebi și să clarifici atunci când nu ești sigur de ceva. Nu ezita să îți exprimi întrebările sau nelămuririle și să fii deschis la clarificări. Ascultă cu atenție și fii deschis la înțelegerea perspectivelor și interpretărilor diferite ale celorlalți.

- Fii conștient de propriile semnale nonverbale:

Înțelegerea și interpretarea corectă a comunicării nonverbale nu înseamnă doar să fii atent la semnalele celorlalți, ci și să fii conștient de propriile semnale nonverbale pe care le emiți.

Gesturile tale, expresiile faciale, postura și tonul vocii pot transmite mesaje puternice și pot influența felul în care ceilalți te percep. Încearcă să fii conștient de aceste aspecte și să îți ajustezi comportamentul în funcție de context și de mesajul pe care vrei să îl transmiți.

- Fii empatic și receptiv:

Empatia și receptivitatea sunt două calități cheie în interpretarea corectă a comunicării nonverbale. Fii deschis la perspectivele și trăirile celorlalți și încearcă să îți pui în locul lor pentru a înțelege mai bine ce simt și ce gândesc. Fii atent la nevoile și emoțiile celorlalți și încearcă să fii un ascultător empatic și receptiv.

- Analizează contextul și relația:

Contextul și relația dintre tine și interlocutorul tău pot influența interpretarea semnalelor nonverbale. Fii atent la contextul în care se desfășoară interacțiunea și la natura relației voastre pentru a interpreta corect semnalele nonverbale.

De exemplu, gesturile care pot fi considerate inapropriate într-un context formal pot fi perfect acceptabile într-un mediu informal sau între prieteni apropiați.

- Nu te grăbi să tragi concluzii:

Nu te grăbi să tragi concluzii sau să interpretezi semnalele nonverbale în mod simplist sau superficial. Comunicarea nonverbală poate fi complexă și poate fi influențată de mai mulți factori, cum ar fi emoțiile, experiențele anterioare sau cultura. Fii deschis la interpretări multiple și încearcă să fii atent la mai multe aspecte pentru a înțelege în profunzime mesajul transmis.

- Educa-te și deprinde abilități de interpretare:

Pentru a deveni mai eficient în interpretarea comunicării nonverbale, este util să te educi și să îți dezvolți abilități de interpretare a gesturilor, expresiilor faciale și posturii. Poți citi cărți sau articole despre comunicare nonverbală, poți participa la traininguri sau workshopuri specializate sau poți lucra cu un coach sau specialist în comunicare nonverbală pentru a-ți îmbunătăți abilitățile în acest sens.

Comunicarea nonverbală este un aspect esențial al interacțiunilor umane și joacă un rol crucial în stabilirea conexiunilor și în transmiterea mesajelor în mod eficient. Pentru a evita interpretările greșite în comunicarea nonverbală, este important să fim atenți la semnalele nonverbale ale celorlalți, să nu facem presupuneri, să întrebăm și să ascultăm cu atenție, să fim conștienți de propriile semnale nonverbale, să fim empatici și receptivi, să analizăm contextul și relația, să nu ne grăbim să tragem concluzii și să ne educăm și să învățăm să interpretăm corect semnalele nonverbale. Prin aplicarea acestor strategii și sfaturi, putem îmbunătăți calitatea comunicării noastre nonverbale și ne putem asigura că mesajele noastre sunt înțelese așa cum ne dorim.

Comunicarea nonverbală și stereotipurile asociate sunt aspecte importante ale interacțiunii umane, care influențează în mod subtil atât relațiile noastre personale, cât și dinamica socială în ansamblul ei. Comunicarea nonverbală se referă la transmiterea de informații fără a folosi cuvinte sau limbaj verbal, prin intermediul gesturilor, posturii, expresiilor faciale, tonului vocii și al altor semnale nonverbale. Stereotipurile, pe de altă parte, sunt ipoteze simplificate sau generalizări despre anumite grupuri de oameni, care pot să fie fie pozitive, fie negative, și care pot influența modul în care suntem percepuți sau cum percepem pe alții.

Relația dintre comunicarea nonverbală și stereotipuri este complexă și fascinantă, având în vedere că multe stereotipuri sunt determinate sau întărite de semnale nonverbale pe care le folosim sau observăm în interacțiunile noastre zilnice. În acest context, este important să fim conștienți de modul în care comunicăm nonverbal și de cum aceste semnale pot să contribuie la perpetuarea unor stereotipuri nedorite sau la combaterea acestora. În cele ce urmează, voi explora mai detaliat conexiunea dintre comunicarea nonverbală și stereotipuri, ilustrând diverse aspecte ale acestui fenomen complex.

În primul rând, să analizăm modul în care anumite stereotipuri sunt transmise și întărite prin comunicarea nonverbală.

Un exemplu relevant în acest sens este stereotipul conform căruia femeile sunt mai emotive și mai sensibile decât bărbații. Această presupunere este adesea susținută de expresiile faciale și tonul vocii folosite de femei în interacțiuni sociale, care pot să fie percepute ca fiind mai expresive sau mai sensibile decât cele folosite de bărbați. Astfel, chiar și în absența unor cuvinte care să susțină acest stereotip, semnalele nonverbale pe care le emitem sau le interpretăm pot să-l întărească și să-l consolideze în conștiința noastră.

Un alt exemplu relevant este stereotipul conform căruia persoanele de culoare sunt mai agresive sau mai amenințătoare decât persoanele albe. Acest stereotip este adesea susținut de postura și gesturile corporale ale individului de culoare în anumite situații, care pot fi interpretate ca fiind mai dominante sau mai impunătoare decât cele ale unei persoane albe. Astfel, fără să fim conștienți de acest fapt, putem să întărim și să propagăm acest stereotip prin interpretarea nonverbală a comportamentului nostru sau al celor din jurul nostru.

Comunicarea nonverbală poate să ofere și modalități eficiente de a contracara sau de a combate stereotipurile existente. Un exemplu în acest sens este comunicarea prin contact vizual, care poate să transmită egalitate, încredere și respect într-o interacțiune socială. Prin menținerea unei priviri echilibrate și sincere în timpul unei conversații, putem să contracaram stereotipurile legate de gen, rasă sau orientare sexuală și să subliniem egalitatea și respectul reciproc între indivizi.

De asemenea, gesturile de îmbrățișare sau atingere pot să contribuie la crearea unui climat de înțelegere și empatie între oameni, contracarând stereotipurile de distanțare sau de respingere.

Prin intermediul unor gesturi calde și prietenoase, putem să transmitem mesaje de acceptare și deschidere față de ceilalți, depășind astfel limitele impuse de stereotipuri și prejudecăți.

Totuși, este important să fim conștienți și de faptul că comunicarea nonverbală nu este întotdeauna eficientă în combaterea stereotipurilor, deoarece ea poate să fie interpretată în mod diferit de către indivizi, în funcție de contextul cultural, social sau emoțional în care se desfășoară interacțiunea. Astfel, gesturile sau semnalele nonverbale pe care le emitem poate să fie percepute într-un mod greșit sau distorsionat, ducând la întărirea unor stereotipuri nedorite sau la crearea unor noi prejudecăți.

Este important să ne amintim că comunicarea nonverbală este, în cele din urmă, un mijloc de transmitere a informațiilor și că ea poate să fie influențată sau manipulată în funcție de intențiile sau de interesele individului care o utilizează. Astfel, este crucial să fim atenți la contextul în care folosim comunicarea nonverbală și să ne asigurăm că aceasta este autentică, sinceră și respectuoasă, pentru a evita perpetuarea sau întărirea unor stereotipuri nocive sau discriminatorii.

Comunicarea nonverbală și stereotipurile asociate sunt aspecte interconectate și complexe ale interacțiunii umane, care influențează în mod subtil modul în care ne percepem și cum suntem percepuți de către ceilalți. Este important să fim conștienți de semnalele nonverbale pe care le emitem sau le interpretăm și de modul în care acestea pot să contribuie la perpetuarea sau la combaterea stereotipurilor existente în societatea noastră. Prin conștientizarea și controlarea comunicării nonverbale, putem să promovăm înțelegerea, respectul și diversitatea în relațiile noastre interpersonale și să contribuim la construirea unei lumi mai echitabile și mai incluzive pentru toți oamenii.

Comunicarea nonverbală este o componentă esențială a interacțiunilor umane, fiind folosită pentru a transmite informații și emoții fără a folosi cuvinte. Cu toate acestea, există de multe ori riscul de a interpreta greșit semnalele nonverbale, ceea ce poate duce la confuzii și neînțelegeri. Pentru a fi conștient de posibilele erori de interpretare în comunicarea nonverbală, este important să înțelegem mai întâi cele mai comune tipuri de semnale nonverbale și cum acestea pot fi interpretate greșit.

Unul dintre cele mai importante aspecte ale comunicării nonverbale este limbajul corpului. Gesturile, poziția corpului, expresiile faciale și contactul vizual sunt toate elemente cheie care pot transmite informații importante într-o interacțiune. De exemplu, o strângere de mână slăbită poate fi interpretată ca o lipsă de încredere sau un desinteres, în timp ce o strângere de mână fermă poate fi percepută ca încrezătoare și prietenoasă. De asemenea, privirea în ochi poate sugera atenție și interes sau poate transmite inadecvare sau agresiune, în funcție de context.

Un alt aspect important al comunicării nonverbale este tonul vocii. Modul în care o persoană își folosește vocea poate transmite emoții precum bucuria, tristețea, furia sau frustrarea. Cu toate acestea, tonul vocii poate fi adesea greu de interpretat corect, deoarece acesta poate fi influențat de factori precum stresul, nervozitatea sau obiceiurile lingvistice ale vorbitorului. De exemplu, o persoană ar putea vorbi tare și agitată în timp ce se simte stresată sau incomodă, fiind interpretată greșit ca fiind furioasă sau agresivă de către interlocutor.

Expresiile faciale sunt un alt aspect important al comunicării nonverbale.

Zâmbetul, frunţile ridicate, privirea încruntată sau ochii îngustaţi pot transmite emoţii precum fericirea, tristeţea, surpriza sau furia. Cu toate acestea, expresiile faciale pot fi deseori subtile sau contradictorii, ceea ce poate duce la interpretări greşite. De exemplu, o persoană ar putea zâmbi în timp ce vorbeşte despre o experienţă tristă, ceea ce ar putea fi interpretat greşit ca fiind lipsă de empatie sau insensibilitate.

Proximitatea fizică şi contactul vizual sunt alte aspecte importante ale comunicării nonverbale. Distanta fizică între persoane şi modul în care acestea se apropie sau se îndepărtează în timpul unei conversaţii pot transmite nivelul de confort, respect sau intimitate dintre ele. De asemenea, contactul vizual este esenţial în comunicare, deoarece privirea în ochi poate transmite atenţie, interes sau lipsă de respect şi încredere.

Pentru a fi conştienţi de posibilele erori de interpretare în comunicarea nonverbală, este important să fim atenţi la toate aceste aspecte şi să luăm în considerare contextul, tonul vocii, expresiile faciale şi limbajul corpului în timpul unei conversaţii. De asemenea, este important să fim deschişi şi empatici în interpretarea semnalelor nonverbale ale celorlalţi, învăţând să recunoaştem şi să interpretăm corect emoţiile şi intenţiile lor.

Înainte de a continua, este important să subliniem faptul că interpretarea comunicării nonverbale este adesea subiectivă și poate varia în funcție de cultură, experiență și personalitate. Un gest care este interpretat într-un fel într-o cultură sau context, ar putea fi interpretat în alt mod în altă cultură sau context. Prin urmare, este important să luăm în considerare aceste aspecte și să fim deschiși la interpretări diferite și la clarificări în caz de neînțelegeri.

Un prim pas în conștientizarea posibilelor erori de interpretare în comunicarea nonverbală este să fim atenți la propriile noastre semnale nonverbale și la modul în care acestea pot fi percepute de ceilalți. De exemplu, putem încerca să fim mai atenți la tonul vocii noastre, la expresiile faciale și la gesturile noastre în timpul unei conversații și să ne întrebăm cum acestea pot fi interpretate de către interlocutori. De asemenea, putem cere feedback de la prieteni sau colegi cu privire la modul în care ne comportăm nonverbal în diverse situații și să ne străduim să învățăm din aceste observații.

Este util să fim atenți la modul în care interpretăm semnalele nonverbale ale celorlalți și să fim deschiși la posibilitatea unei interpretări greșite.

De exemplu, în cazul în care o persoană pare retrasă sau nervoasă în timpul unei conversații, ar trebui să evităm să tragem concluzii pripite și să încercăm să aflăm care este motivul acestor comportamente. De asemenea, este important să nu ne bazăm doar pe semnalele nonverbale în interpretarea emoțiilor și intențiilor celorlalți, ci să folosim și cuvintele și contextul pentru a obține o înțelegere mai completă.

Un alt aspect important în conștientizarea posibilelor erori de interpretare în comunicarea nonverbală este să fim atenți la diferențele culturale în semnalele nonverbale. Gesturile, expresiile faciale și tonul vocii pot fi interpretate diferit în funcție de cultură, iar o greșeală în interpretarea acestora ar putea duce la neînțelegeri și conflicte. De exemplu, în unele culturi, contactul fizic și proximitatea sunt considerate normale în timpul conversațiilor, în timp ce în altele acestea pot fi considerate invazive sau nepoliticoase.

În plus, experiența personală și contextul sunt factori importanți în interpretarea comunicării nonverbale.

De exemplu, o persoană care a avut experiențe traumatizante în trecut ar putea interpreta greșit expresiile faciale sau gesturile altor persoane și ar putea manifesta un nivel crescut de anxietate sau de neîncredere în relațiile interpersonale.

De asemenea, contextul unei conversații poate influența semnalele nonverbale și modul în care acestea sunt interpretate.

De exemplu, într-o discuție tensionată sau conflictuală, gesturile sau expresiile faciale ar putea fi interpretate diferit decât într-un context relaxat sau prietenos.

Un alt aspect important în conștientizarea posibilelor erori de interpretare în comunicarea nonverbală este să fim deschiși la clarificări și la comunicarea deschisă cu ceilalți. În cazul în care există neclarități sau neînțelegeri în interpretarea semnalelor nonverbale, este important să punem întrebări și să cerem clarificări pentru a evita conflictele sau tensiunile în relațiile interpersonale.Este util să fim empatici și să încercăm să ne punem în locul celorlalți pentru a înțelege mai bine punctul lor de vedere și emoțiile lor.

O abordare multidisciplinară poate fi utilă în conștientizarea posibilelor erori de interpretare în comunicarea nonverbală. Psihologia, sociologia, antropologia și lingvistica sunt discipline care studiază semnalele nonverbale și interpretarea lor în diferite contexte și culturi. Prin învățarea unor concepte și tehnici specifice din aceste domenii, putem îmbunătăți competențele noastre în comunicarea nonverbală și în evitarea erorilor de interpretare.

Capitolul 6: Cum să îți îmbunătățești relațiile interpersonale prin comunicare nonverbală.

- *Cum să folosești gesturile și expresiile faciale pentru a-ți construi relații solide cu ceilalți.*
- *Tehnici eficiente de comunicare nonverbală în relațiile profesionale și personale.*

Comunicarea nonverbală reprezintă un aspect extrem de important în interacțiunile interpersonale, deoarece poate influența în mod semnificativ modul în care ne percepem și ne înțelegem unii pe alții. Aceasta include gesturile, poziția corpului, expresiile faciale, tonul vocii, contactul vizual și alte aspecte care nu implică folosirea cuvintelor. Deși comunicarea verbală poate transmite informații directe și clare, comunicarea nonverbală poate ajuta la exprimarea emoțiilor, gândurilor și intențiilor într-un mod mai subtil și mai puternic.

Îmbunătățirea abilităților de comunicare nonverbală poate avea numeroase beneficii în relațiile interpersonale. Aceasta poate ajuta la stabilirea unei conexiuni mai puternice cu ceilalți, la îmbunătățirea înțelegerii reciproce, la crearea unui mediu de comunicare mai deschis și sincer, și la construirea unui sentiment de încredere și compatibilitate.

De asemenea, comunicarea nonverbală poate ajuta la gestionarea conflictelor și la evitarea interpretărilor greșite sau conflictuale ale mesajelor verbale.

Pentru a-ți îmbunătăți relațiile interpersonale prin comunicare nonverbală, iată câteva strategii și sfaturi importante:

- Gesturile și expresiile faciale:

Gesturile și expresiile faciale pot transmite o varietate de emoții și mesaje. Folosește gesturi deschise și expresii faciale pline de încredere și entuziasm pentru a arăta că ești interesat de conversație și că ești deschis către ceilalți. Evită gesturile defensive sau închise, precum încrucișarea brațelor sau îndreptarea corpului departe de interlocutor.

- Postura corpului:

Postura corpului poate transmite nivelul de încredere și confort într-o interacțiune. Stai drept și relaxat pentru a arăta că ești implicat și interesat. Evită să îți îndoi corpul sau să te retragi în spate atunci când vorbești cu cineva, deoarece acest lucru poate transmite un mesaj de neîncredere sau de nesiguranță.

- Contactul vizual:

Contactul vizual este extrem de important în comunicarea nonverbală. Privirea în ochii celuilalt poate indica încredere, sinceritate și respect. Încearcă să menții contactul vizual pentru a arăta că ești atent și interesat de ceea ce spune interlocutorul. Evită evitarea contactului vizual sau privirea în altă parte, deoarece acest lucru poate fi interpretat ca lipsă de încredere.

- Tonul vocii:

Tonul vocii poate influența percepția emoțională a unui mesaj. Folosește un ton cald, clar și cu intonații adecvate pentru a-ți exprima emoțiile și gândurile în mod corespunzător. Evită tonurile monotone sau agresive, deoarece acestea pot crea tensiuni în comunicare și pot fi interpretate greșit de către ceilalți.

- Mimica și sincronizarea:

Mimica și sincronizarea pot fi utilizate pentru a indica empatie și înțelegere într-o conversație. Încercați să reflectați expresiile faciale și gesturile interlocutorului pentru a arăta că sunteți conectați emoțional și că îl înțelegeți. Evitați sarcasmul sau ironiile, deoarece acestea pot afecta negativ relația cu ceilalți.

- Gesturile de confort:

Gesturile de confort pot fi folosite pentru a arăta empatie și sprijin într-o conversație.

Folosește contactul ușor cu mâinile sau sprijină-ți mâinile pe masă pentru a arăta că ești deschis și empatic. Evită gesturile excesive sau intruzive, deoarece acestea pot fi interpretate greșit și pot crea disconfort în interacțiune.

- Ascultarea activă:

Ascultarea activă este un aspect esențial al comunicării nonverbale. Fii atent la expresiile faciale, tonul vocii și gesturile interlocutorului pentru a înțelege mai bine mesajul transmis. Folosește confirmări verbale și nonverbale, precum inclinarea capului sau zâmbetul, pentru a arăta că ești atent și interesat. Evită să întrerupi sau să te concentrezi pe propriile gânduri în timp ce interlocutorul vorbește, deoarece acest lucru poate afecta negativ comunicarea.

- Empatia și înțelegerea:

Empatia și înțelegerea sunt elemente cheie în comunicarea nonverbală. Fii receptiv la emoțiile și nevoile interlocutorului și arată empatie și sprijin în interacțiuni. Folosește gesturi de sprijin și răspunsuri empatice pentru a arăta că îți pasă și că îl înțelegi pe celălalt. Evită să judeci sau să critici interlocutorul, deoarece acest lucru poate afecta încrederea și compatibilitatea în relație.

- Consistența și autenticitatea:
Consistența și autenticitatea sunt esențiale în comunicarea nonverbală. Fii sincer și autentic în exprimarea emoțiilor și a gândurilor tale, și fii consecvent în gesturi și expresii. Evită să te prefaci sau să comunici mesaje contradictorii, deoarece acest lucru poate crea confuzie și nesiguranță în relație.

- Exersarea și dezvoltarea abilităților:
Pentru a-ți îmbunătăți comunicarea nonverbală, practică și exersează în mod regulat abilitățile de exprimare a gesturilor, posturii corpului, contactului vizual și a tonului vocii. Observează modul în care comunici nonverbal în diferite situații și fă ajustări pentru a fi mai eficient și mai convingător. Participă la sesiuni de training sau consultă specialiști în comunicare nonverbală pentru a primi feedback și îndrumare în dezvoltarea abilităților.

Comunicarea nonverbală poate juca un rol vital în îmbunătățirea relațiilor interpersonale și în construirea unei conexiuni mai profunde și mai autentice cu ceilalți. Prin folosirea gesturilor, expresiilor faciale, posturii corpului, contactului vizual, tonului vocii și a altor elemente nonverbale, poți crea un mediu de comunicare deschis, sincer și empatic.

Prin îmbunătățirea abilităților de comunicare nonverbală, poți îmbunătăți relațiile interpersonale, să construiești încredere și compatibilitate și să fii mai eficient în interacțiunile cu ceilalți.

Gesturile și expresiile faciale sunt elemente fundamentale în comunicarea non-verbală și au un impact semnificativ asupra modului în care ceilalți ne percep și cum construim relații solide cu aceștia. Utilizarea acestor aspecte ale comunicării poate fi extrem de eficientă în a transmite emoții, intenții și în a întări conexiunea cu cei din jur.

În cele ce urmează, vom explora cum să folosim gesturile și expresiile faciale în diverse contexte pentru a-ți construi relații solide cu ceilalți.

- Conștientizarea propriei atitudini și a gesturilor tale

Primul pas în a folosi gesturile și expresiile faciale în mod eficient este să fii conștient de propria atitudine și de modul în care te exprimi non-verbal. Înainte de a interacționa cu ceilalți, fii atent la felul în care îți ții corpul, la gesturile pe care le faci și la expresiile faciale pe care le afișezi.

O atitudine deschisă, încrezătoare și prietenoasă poate fi extrem de atrăgătoare și poate facilita construirea unui dialog autentic și plăcut.

• Folosește contactul vizual

Contactul vizual este unul dintre cele mai puternice instrumente de comunicare non-verbală și poate transmite încredere, respect și interes față de celălalt. Când vorbești cu cineva, asigură-te că menții contactul vizual în mod regulat și că înțelegi importanța lui în crearea unei conexiuni autentice. Evitarea contactului vizual poate fi percepută ca lipsă de interes sau de respect, așa că folosește acest instrument cu înțelepciune în relația ta cu ceilalți.

• Zâmbetul, cel mai bun prieten al tău

Zâmbetul este un gest universal care exprimă bunăvoință, bucurie și deschidere către ceilalți. Atunci când zâmbești, îți transmiți automat o parte din energia ta pozitivă și încurajezi și pe cei din jur să fie mai relaxați și mai deschiși către tine. Folosește zâmbetul în mod regulat în interacțiunile tale cu ceilalți pentru a crea o atmosferă plăcută și prietenoasă în relația voastră.

- Gesturile de înțelegere și empatie

Un alt aspect important al comunicării non-verbale este folosirea gesturilor care exprimă înțelegere și empatie față de celălalt. Gesturi precum încrucisarea brațelor sau îndepărtarea corpului pot transmite un mesaj de defensivă sau de respingere, în timp ce gesturi precum aplecarea ușoară a capului sau atingerea mâinii pot arăta interes, înțelegere și empatie față de interlocutor. Alege gesturile care sunt potrivite pentru contextul în care te afli și folosește-le în mod conștient pentru a-ți arăta că ești receptiv și deschis la ceea ce spune celălalt.

- Evită gesturile care pot fi percepute ca intruzive sau agresive

În timp ce gesturile pot fi extrem de eficiente în a-ți exprima emoțiile și intențiile, este important să fii atent și la modul în care acestea sunt percepute de ceilalți. Gesturi precum agitarea constantă a mâinilor, aplecarea bruscă spre interlocutor sau strângerea puternică a mâinilor pot fi interpretate ca intruzive sau agresive și pot afecta negativ relația cu cei din jur. Fii atent la gesturile pe care le faci și la modul în care acestea pot fi percepute și ajustează-te în consecință pentru a-ți menține o comunicare sănătoasă și respectuoasă.

- **Expresiile faciale, oglinda emoțiilor tale**

Expresiile faciale sunt unul dintre cele mai puternice mijloace de comunicare non-verbală și pot reda fidel emoțiile și starea ta de spirit în timpul unei interacțiuni. Folosește expresiile faciale pentru a-ți sublinia sinceritatea și autenticitatea în comunicare și pentru a transmite celor din jur că ești deschis și gata să te conectezi cu ei pe un nivel emoțional. În același timp, fii atent la modul în care reacționezi la expresiile faciale ale celorlalți și folosește această informație pentru a-ți adapta comportamentul și pentru a construi o relație solidă și bazată pe înțelegere reciprocă.

- **Folosește gesturile pentru a sublinia și accentua cuvintele tale**

Gesturile pot fi folosite în mod eficient pentru a sublinia și accentua mesajul pe care îl transmiți verbal și pentru a-l face mai clar și mai memorabil pentru cei din jur. Gesturi precum ridicarea mâinilor sau mânuirea unui obiect pot evidenția anumite aspecte ale discuției și pot spori impactul mesajului tău asupra auditoriului. Experimentează cu diferite gesturi și observă cum acestea pot influența modul în care mesajul tău este recepționat de ceilalți, folosindu-le în mod conștient pentru a-ți spori impactul în comunicare.

- Ascultarea activă prin gesturi și expresii faciale

Ascultarea activă este o abilitate esențială în construirea unei relații solide cu ceilalți și poate fi susținută și prin utilizarea gesturilor și a expresiilor faciale potrivite. Fii atent la cuvintele, tonul și limbajul non-verbal al interlocutorului tău și folosește gesturi de confirmare sau de încurajare pentru a-l asigura că ești prezent și că îți pasă de ceea ce spune. Fie că este vorba despre mânuirea capului, ridicarea sprâncenelor sau simpla schițare a unui zâmbet, gesturile și expresiile faciale pot adăuga o notă suplimentară de angajament și conectare în dialogul vostru.

- Flexibilitatea în exprimarea gesturilor și expresiilor faciale

Diversitatea limbajului non-verbal este extrem de bogată și fiecare persoană are stilul său unic de a se exprima prin gesturi și expresii faciale. Fiindcă suntem diferiți, este important să fii flexibil în folosirea acestor instrumente și să te adaptezi la stilul și preferințele celorlalți în comunicare. Observă cum reacționează interlocutorul tău la anumite gesturi sau expresii faciale și ajustează-te în consecință pentru a menține o comunicare eficientă și armonioasă în relația voastră.

Gesturile și expresiile faciale pot fi instrumente puternice în construirea unei relații solide cu ceilalţi, sprijinind comunicarea non-verbală și amplificând mesajele pe care le transmitem verbal. Prin conștientizarea propriei atitudini, folosirea contactului vizual, zâmbetul, gesturile de înțelegere și empatie, evitarea gesturilor agresive, expresiile faciale autentice, sublinierea verbalului prin gesturi, ascultarea activă și flexibilitatea în exprimare, putem dezvolta conexiuni autentice și sănătoase cu cei din jur. Prin practică, introspecție și observație atentă, putem transforma gesturile și expresiile noastre faciale în aliati de nădejde în construirea relațiilor care durează și ne aduc împlinire și satisfacție în viața de zi cu zi.

Comunicarea nonverbală este extrem de importantă în relațiile profesionale și personale, deoarece transmite mesaje și emoții care nu pot fi exprimate prin cuvinte. Acestea pot fi gesturi, expresii faciale, postură, tonalitatea vocii și altele. Este esențial să înțelegem și să folosim corect aceste tehnică de comunicare nonverbală pentru a ne exprima în mod eficient și pentru a ne întări relațiile cu cei din jurul nostru.

- Contactul vizual .

Contactul vizual este o tehnică de comunicare nonverbală extrem de importantă în relațiile profesionale și personale. Prin menținerea unui contact vizual direct, transmitem că suntem interesați de ceea ce spune sau face interlocutorul nostru și că suntem prezenți în acel moment. Este important să nu exagerăm cu privirea fixă, dar să menținem un contact vizual adecvat pentru a stârni încredere și pentru a demonstra că acordăm atenție cuiva.

- Zâmbetul .

Zâmbetul este unul dintre cele mai puternice gesturi de comunicare nonverbală. El transmite căldură, bunăvoință și deschidere către cei din jur. Un zâmbet sincer poate face minuni în orice conversație sau interacțiune. Este important să fim atenți la expresia feței noastre și să fim receptivi la semnalele pe care le transmitem printr-un zâmbet plăcut și sincer.

- Postura și gesturile .

Postura și gesturile noastre pot spune multe despre starea noastră emoțională și despre modul în care abordăm o situație. O postură dreaptă și deschisă transmite încredere și putere, în timp ce o postură încrucișată sau închisă poate indica lipsa de interes sau confort. Gesturile noastre ar trebui să fie naturale și să sprijine ceea ce spunem verbal.

De exemplu, gesturile deschise și non-intruzive pot contribui la îmbunătățirea comunicării nonverbale.

- Tonul vocii .

Tonul vocii este un element important al comunicării nonverbale. Modul în care ne exprimăm și înlănțuirea cuvintelor pot transmite emoții și intenții pe care cuvintele în sine nu le pot exprima. Este important să fim atenți la tonalitatea vocii noastre și să o adaptăm în funcție de context și de interlocutor. O voce clară, calmă și sigură poate contribui la o comunicare eficientă și la stabilirea unei conexiuni mai puternice cu cei din jur.

- Mimica facială .

Mimica facială este un aspect important al comunicării nonverbale. Expresiile faciale pot transmite multe emoții și mesaje, chiar fără să rostim un cuvânt. Este esențial să fim sinceri în expresiile noastre faciale și să fim conștienți de emoțiile pe care le transmitem. O mimica facială adecvată poate întări mesajul nostru verbal și poate consolida relațiile noastre cu cei din jur.

- Spațiul personal .

Spațiul personal este un aspect crucial al comunicării nonverbale în relațiile profesionale și personale. ai puternice.

Este important să respectăm spațiul personal al celor din jur și să fim atenți la semnalele pe care le emitem prin proximitatea fizică. O distanță adecvată între noi și interlocutorul nostru poate contribui la crearea unei atmosfere confortabile și la stabilirea unei conexiuni mai puternice.

- Contactul fizic .

Contactul fizic poate fi o formă de comunicare nonverbală puternică, dar trebuie folosit cu mare grijă în relațiile profesionale și personale. Un gest de așternut sau o atingere ușoară pot transmite confort, empatie sau sprijin pentru cei din jur, dar este esențial să fim sensibili la nevoile și preferințele interlocutorului nostru. Este important să evităm contactul fizic excesiv sau inadecvat pentru a respecta spațiul personal al celor din jur.

- Îmbrăcămintea și aspectul personal

Îmbrăcămintea și aspectul personal pot fi aspecte importante ale comunicării nonverbale în relațiile profesionale și personale. Modul în care ne îmbrăcăm și cum arătăm poate transmite informații despre personalitatea noastră, statutul social sau nivelul de profesionalism. Este important să fim atenți la aspectul nostru personal și să ne îmbrăcăm în mod corespunzător contextului și a transmite un mesaj adect.

- Energie și entuziasm .

Energia și entuziasmul pe care îl transmitem pot influența puternic modul în care suntem percepți de cei din jur. O atitudine pozitivă, plină de energie și entuziasm poate inspira și motiva pe cei din jur și poate crea o atmosferă optimistă și plăcută în relația noastră. Este important să fim autentici în exprimarea entuziasmului nostru și să fim conștienți de efectele pe care le avem asupra celor din jur.

- Ascultarea activă .

Ascultarea activă este o tehnică esențială în comunicarea nonverbală. Prin contact vizual, mimica facială, postură și alte gesturi nonverbale, putem arăta că suntem prezenți în conversație și că acordăm atenție interlocutorului nostru. Este important să fim atenți la semnalele pe care le transmite interlocutorul nostru nonverbal și să răspundem adecvat pentru a întări conexiunea noastră și pentru a facilita o comunicare eficientă.

Comunicarea nonverbală este un aspect esențial al relațiilor profesionale și personale, care poate contribui semnificativ la succesul și satisfacția noastră în interacțiunile cu cei din jur.

Este important să fim conștienți de semnalele pe care le emitem prin gesturi, mimica facială, postură sau tonalitatea vocii și să ne adaptăm aceste tehnici pentru a comunica eficient și pentru a stabili relații puternice și sănătoase. O comunicare nonverbală adecvată poate întări relațiile noastre, poate îmbunătăți înțelegerea reciprocă și poate contribui la o colaborare eficientă și armonioasă în mediul profesional și personal.

1. ,,Armonia in cuplu''
- explorează diverse aspecte ale relațiilor umane, de la comunicare și empatie, la rezolvarea conflictelor și construirea unei relații de cuplu sănătoase și echilibrate.

2. ,,Vindecarea rănilor emoționale în relații''
- este o carte profundă,care explorează complexitatea relațiilor interpersonale și impactul pe care trecutul emoțional îl poate avea asupra lor.

3. "Cum sa iti gasesti sufletul pereche"
- se adreseaza celor care își doresc sa gaseasca dragostea adevarata si sa-si gaseasca sufletul pereche.

4."Reconstruirea unei relații deteriorate"
- este un ghid util și practic pentru persoanele care se confruntă cu dificultăți în relațiile lor.

5."Depășirea limitărilor mentale"- este o resursă valoroasă pentru oricine își dorește să-și depășească propriile limitări mentale și să trăiască o viață plină de succes și împlinire.

6. ,,Zâmbetul din oglindă" - este un ghid util pentru oricine dorește să-și îmbunătățească stima de sine și să-și atingă potențialul maxim.

7. "Rescrie-ți povestea" este o carte care abordează tema depășirii traumelor din copilărie și construirii unui viitor mai luminos.

8. "Umbrele trecutului" -este o carte care explorează teme precum iubirea, pierderea și curajul de a merge mai departe.

9 ,,Poveștile din copilărie" - este o carte care explorează principiile psihologiei pozitive și modul în care putem fi fericiți și mulțumiți fără să avem nevoie de motive externe pentru aceasta.

10.